Stap vir Stap
KOOKBOEK

Stap vir Stap
KOOKBOEK

Hilary Biller
Fotografie deur John Peacock

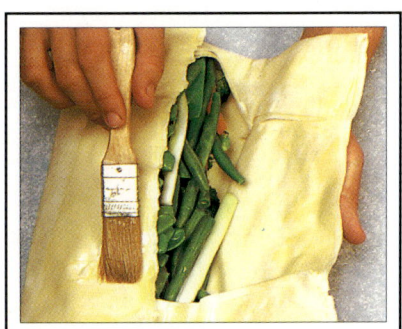

STRUIK

Struik Uitgewers ('n Lid van die Struik Uitgewersgroep (Edms) Bpk)
McKenziestraat 80, Kaapstad 8001
Reg.nr. 54/00965/07

Eerste Afrikaanse uitgawe 1997
In Afrikaans vertaal uit *Step-by-Step Cookbook* van 1995

Kopiereg © 1995 teks Hilary Biller
Kopiereg © 1995 foto's Struik Uitgewers
Kopiereg © 1995 die gepubliseerde uitgawe Struik Uitgewers (Edms) Bpk

Alle regte voorbehou. Geen gedeelte van hierdie publikasie mag gereproduseer,
in 'n ontsluitingstelsel bewaar of weergegee word, in enige vorm of op enige manier,
hetsy elektronies, meganies, deur fotokopiëring, die maak van opnames of andersins
sonder die skriftelike verlof van die kopiereghouers nie.

ISBN 1 86825 883 1

Redigeerder Sally Dicey
Ontwerpbestuurder Janice Evans
Ontwerper Suzanne Fortescue
Omslagontwerpers Janice Evans en Suzanne Fortescue
Ontwerpassistent Lellyn Creamer
Fotograaf John Peacock
Voedselstileerders Hilary Biller en Lynn Melrose Densham
Reproduksie Hirt & Carter
Druk- en bindwerk Tien Wah Press (Pte.) Ltd, Singapoer

AFRIKAANSE UITGAWE
Projekredakteur Elizé Lübbe
Vertaler Marie Gerber
Redigeerder Aletta van der Westhuizen

INHOUD

Erkennings 6

Inleiding 7

Sop en Voorgeregte 8

Eiers en Kaas 26

Vis en Seekos 42

Pluimvee 64

Vleis 86

Pasta 110

Groente 124

Slaai 140

Nageregte 154

Koek en Gebak 176

Brood 200

Lekkers 212

Indeks 222

ERKENNINGS

ERKENNINGS DEUR DIE SKRYWER

Sommige van my resepte het in die *Angela Day*-rubriek van *The Star* verskyn. Ek wil die koerant bedank vir hul toestemming om daardie resepte in hierdie boek te gebruik. Ek wil in die besonder vir Lyndall Popper by *Angela Day* bedank vir haar aanmoediging, entoesiasme en geduld. Dit was 'n plesier om met die redigeerder, Sally Dicey, saam te werk. Haar ondersteuning, entoesiasme en professionele redigering was die bakens wat my deur hierdie projek gelei het. Lynn Melrose Densham het op kort kennisgewing by ons aangesluit en haar professionele hulp was van groot waarde toe die geregte voorberei en gefotografeer moes word. Dankie ook aan Isabel Jones vir haar hulp, en aan Lella Leigh wat sommige van die resepte getoets het. Ek het hierdie projek saam met my vriend en fotograaf, John Peacock, onderneem. Met sy kunstalent en insette was dit 'n plesier om die boek saam te stel. Ons het Diane Peacock se hande gebruik vir die stap vir stap foto's. Ons albei bedank haar vir die baie waardevolle ure van haar tyd. Laaste maar nie die minste nie, dra ek hierdie boek op aan my eggenoot, Peter, vir sy volgehoue steun en geduld.

Ek wil ook die volgende persone en firmas bedank vir die leen van rekwisiete vir die foto's: mnr Graham Beadle van Kenwood Home Appliances en The Barlow Appliance Company; Peta Amoils, Karen Wales en Carolyn Wilter van The Crockery Warehouse; Lillian Blank van Villeroy and Bloch; Lieberman Pottery; Pam Zimmerman Gifts; Shop Two Interiors (Craighall Park) en talle spesiale vriende vir hul bereidwilligheid om vir my van hul waardevolle breekgoed, eetgerei en tafellinne te leen.

ERKENNINGS DEUR DIE FOTOGRAAF

Ek wil graag my dank betuig teenoor die volgende mense wat 'n reusebydrae tot hierdie boek gelewer het: Lynn Melrose Densham vir haar entoesiasme en onvermoeide hulp, asook haar waardevolle ondervinding wat ons gehelp het om hierdie nogal aansienlike projek te voltooi; Milton Levanski wat ons van Agfa-film en ander fotografiese materiaal voorsien het, sy diens en bydrae (dag en nag) word baie waardeer; die personeel van Beith Process Laboratory vir hul doeltreffende, vriendelike en toegewyde diens te alle tye en vir hul strewe na voortreflikheid; Teddy Ramalata vir sy fotografiese bystand gedurende al die lang ure wat nodig was vir die foto-sessies; Tim Malone vir sy oorspronklike uitleg wat daartoe gelei het dat ons met die boek begin het; my dogter, Melissa, wat al die skottelgoed gewas het, en laastens aan Hilary, sonder wie ek dit nooit sou aangepak het nie. Haar opgeruimde en toegewyde benadering het daartoe bygedra dat ons te alle tye 'n gemaklike en vriendelike werksverhouding gehad het.

INLEIDING

My werk by 'n koerant waar ek lesers se navrae oor kookprobleme moes beantwoord, het my insig gegee in hoe en wat mense deesdae eet. Ek was verbaas oor die herhaalde versoeke vir die ou, bekende en geliefde resepte en het besef dat 'n versameling daarvan, saam met interessante nuwe idees, 'n uitstekende naslaanwerk vir enige kombuis sou wees.

Met die skeppende bydrae van fotograaf John Peacock, het hierdie gedagte gou gestalte gekry. Sy entoesiasme en opregte belangstelling in voedsel en voedselfotografie het my baie gehelp om hierdie gedagtes te konsolideer tot 'n boek. Ons het gevoel dat 'n stap vir stap handleiding met volkleurfoto's alle kokke – groentjies sowel as die meer ervare kokke – sal aanmoedig om met nuwe kosmaakidees te eksperimenteer.

Ek het resepte ingesluit vir vegetariërs en vleiseters, en vir alle geleenthede, van gesinsetes tot geregte vir formele etes. Jy sal klassieke geregte vind soos vichyssoise, kitsery en bief Wellington, sowel as meer moderne geregte soos polenta, hoendersaté en vis op die Thai-manier. Ek bespreek ook baie kooktegnieke, insluitend die gebruik van suurdeeg en gelatien, die maak van souse en die voorbereiding van vis en seekos.

Ek hoop hierdie resepteboek sal jou inspireer om toe te gee aan jou skeppende kooklus en 'n vertroude joernaal in jou kombuis word.

Lekker kook!

Hilary Biller

SOP EN VOORGEREGTE

TAMATIE-EN-SUIKERMIELIESOP

Hierdie kleurryke voorgereg sal almal aan die praat kry!

SUIKERMIELIESOP
2 blikke (410 g elk) suikermielies
250 ml dun room
500 ml volroommelk
1 t fyn neutmuskaat
sout en varsgemaalde swartpeper

TAMATIESOP
1 groot ui, fyngekap
2 e botter
2 e kookolie
2 blikke (410 g elk) geskilde tamaties, in skywe gesny en sap behou
600 ml hoender- of groente-aftreksel, of water
1 t droë origanum, of
  1 e gekapte vars origanum
½ t fyn komyn
2 e suiker
sout en varsgemaalde swartpeper
gekapte vars grasuie

1 Om die suikermieliesop te maak, plaas mielies, room, melk, neutmuskaat, sout en peper in 'n kastrol. Prut 10 minute tot dit deurwarm is, maar nie kook nie. Roer af en toe. Voeg nog geurmiddels by indien nodig.

2 Maak die tamatiesop in 'n aparte kastrol. Braai ui in die botter en olie. Voeg tamaties en sap, aftreksel of water, origanum, komyn, suiker en geurmiddels by. Laat prut 15 minute.

3 Laat effens afkoel. Verpulp in 'n voedselverwerker. Dit moet nog effens grof wees. Voeg nog aftreksel of water by indien te dik.

4 Verhit individuele sopbakkies. Vat 'n koppie in elke hand, skep 'n halwe kopppie vol uit elke kastrol en giet dit gelyktydig in die sopbakkies sodat die twee kleure in die middel teen mekaar loop.

5 Garneer met gekapte grasuie en sit dadelik voor saam met bros brood soos Melba-roosterbrood of 'n growwe kaasbrood.
LEWER 4 PORSIES.

WENKE

◆ Vervang die ingemaakte tamaties met 1 kg vars tamaties met 'n goeie rooi kleur. Om tamaties te skil, dompel hulle eers 2 minute in kookwater, daarna in koue water en skil. As die skil nie maklik aftrek nie, herhaal net die prosedure.

◆ Melba-roosterbrood is baie maklik om te maak. Rooster snye witbrood, sny die korsies af en sny die brood horisontaal deur in twee baie dun snye. Plaas die brood met die geroosterde kant na onder op 'n bakplaat en bak dit ongeveer 30 minute teen 160 °C (325 °F) tot goudbruin. Melba-roosterbrood kan ook gemaak word van 'n Franse brood wat baie dun gesny is – plaas die snye op 'n bakplaat en bak soos hierbo tot goudbruin.

◆ Melba-roosterbrood hou baie lank in 'n lugdigte houer.

VICHYSSOISE

Vichyssoise word tradisioneel koud geëet, maar stomend warm is dit net reg vir 'n koue wintersdag.

HOENDERAFTREKSEL
1 hoender
1 geelwortel, in wieletjies gesny
1 ui waarin 4 kruienaeltjies gesteek is
1 selderystingel, in skyfies gesny
1 lourierblaar
water

SOP
6 preie
2 e botter
2 e kookolie
6 aartappels, geskil en in blokkies gesny
sout en varsgemaalde swartpeper
½ t fyn neutmuskaat
250 ml dun room
ekstra room vir garnering
gekapte vars grasuie of paprika

1 Om die hoenderaftreksel te maak, plaas hoender in 'n groot kastrol en voeg groente en lourierblaar by. Bedek met water en verhit tot kookpunt. Kook 1 uur.

2 Laat effens afkoel, haal hoender uit en verwyder alle vel en vleis van die bene. Plaas bene terug in die kastrol en kook nog 30 minute. Skep die vet af en giet aftreksel deur 'n sif. Jy sal 1 liter aftreksel nodig hê.

3 Vir die sop, sny preie in skywe. Sny ook 'n bietjie van die groen deel by vir 'n goeie kleur. Soteer preie in gesmelte botter en olie. Voeg aartappels by en soteer 'n paar minute.

4 Voeg aftreksel by en dan die geurmiddels en neutmuskaat. Laat kook 30 minute, of tot die aartappels sag is. Laat effens afkoel en verpulp in 'n voedselverwerker of versapper.

5 Plaas die sop terug in die kastrol, voeg room by en verhit goed, maar moet dit nie laat kook nie. Sit koud of warm voor na keuse, en garneer met room en gekapte grasuie of paprika.
LEWER 6 PORSIES.

WENKE

◆ Rasper heel neutmuskaat, want fyn speserye wat 'n ruk lank gebêre is, kan hul geur verloor.

◆ In plaas daarvan om die sop met room en grasuie te garneer, roer 'n skeppie pesto in elke porsie vir 'n smaaklike variasie.

SOP EN VOORGEREGTE

STAP VIR STAP KOOKBOEK

SOP EN VOORGEREGTE

GEBAKTE BOTTERSKORSIESOP

Gebakte botterskorsie gee 'n wonderlike geur aan hierdie sop.

100 g botter, gesmelt
3 e gouestroop
½ t fyn wonderpeper
½ t fyn kardamom
½ t fyn kaneel
knippie fyn neutmuskaat
sout en varsgemaalde swartpeper
2 groot botterskorsies, gehalveer en ontpit
4 e botter
1 klein ui, gekap
4 stingels sopseldery, in skywe gesny
2 geelwortels, geskil en in wieletjies gesny
2 preie, slegs wit gedeeltes, in skywe gesny
1,5 liter hoenderaftreksel
fyngerasperde skil en sap van 1 lemoen
100 ml dun room
gekapte vars kruie of gerasperde lemoenskil as garnering

1 Meng 100 g botter, stroop, wonderpeper, kardamom, kaneel, neutmuskaat, sout en peper in 'n klein bakkie vir 'n glaseersel.

2 Plaas botterskorsies, snykant na onder, op 'n lig gesmeerde bakplaat en bak 20–25 minute teen 200 °C (400 °F).

3 Draai die botterskorsies om en bestryk met glaseersel. Verlaag die oondtemperatuur tot 180 °C (350 °F). Bak verder en bestryk die botterskorsies dikwels met glaseersel tot dit sag en goudbruin is. Haal uit die oond en laat afkoel tot dit hanteerbaar is. Skep die vleis met 'n groot lepel uit en hou eenkant.

4 Smelt 4 eetlepels botter in 'n groot kastrol, voeg die gekapte ui by en soteer 2–3 minute. Voeg die seldery, wortels, preie en gaar botterskorsie by. Soteer 2 minute, sit 'n deksel op en laat die groente 3 minute sweet.

5 Voeg die hoenderaftreksel, lemoenskil en -sap by en laat prut sonder 'n deksel vir 35 minute of tot die groente sag is. Verpulp in 'n voedselverwerker. Voeg nog geurmiddels by, indien nodig.

6 Giet die sop in verhitte sopbakkies. Garneer met 'n bietjie room en strooi gekapte vars kruie of lemoenskil oor.
LEWER 4–6 PORSIES.

WENKE

◆ Vir 'n interessante variasie kan 1–2 teelepels kerriepoeier in stap 4 by die ui gevoeg word.

◆ Botterskorsie is 'n lid van die pampoenfamilie en het sy naam te danke aan sy gladde, bottergeel skil.

◆ Gebruik 'n botterskorsie met 'n diep geel kleur, want dit beteken dit is heeltemal ryp en die sop sal geuriger wees.

◆ Botterskorsie kan met pampoen vervang word.

◆ Gebruik waar moontlik tuisgemaakte hoenderaftreksel (bladsy 10) vir 'n geuriger sop.

STAP VIR STAP KOOKBOEK

GESONDE LENSIESOP

Lensies is 'n peulgroente en 'n baie waardevolle bron van proteïne. Rooi-, bruin- en groenlensies is te kry en hoef nie vooraf geweek te word nie, hoewel rooilensies gouer as die ander gaar word. Almal is geskik vir hierdie sop. Soek lensies deur voor jy dit kook, want dit bevat dikwels klein klippies.

3 e kookolie
2 uie, gekap
2 knoffelhuisies, fyngedruk
8 stingels sopseldery, in dun
   skyfies gesny
2 groot geelwortels, gerasper
200 g lensies
2 liter beesvleis- of hoenderaftreksel
1 bouquet garni (1 lourierblaar,
   2 takkies pietersielie, 1 takkie
   roosmaryn en 1 takkie tiemie)
1 t fyn komyn
1 e balsemasyn*
sout
varsgemaalde swartpeper

1 Verhit die olie in 'n groot kastrol. Voeg die uie by en soteer tot sag. Voeg fyngedrukte knoffel by en soteer 1 minuut. Sorg dat die knoffel nie brand nie, want dan sal dit bitter smaak.

2 Voeg die seldery en wortels by en soteer liggies vir sowat 3 minute. Sit die kastrol se deksel op en laat die groente vir nog sowat 3 minute sweet om die geur daarvan na vore te bring.

3 Voeg lensies by en roerbraai 2 minute. Voeg die aftreksel, bouquet garni en komyn by. Laat prut tot die lensies sag is – sowat 1–2 uur lank.

4 Verwyder bouquet garni, roer balsemasyn by en geur indien nodig. Sit stomend warm saam met broodstokkies voor.
LEWER 3–4 PORSIES.

WENKE

* Balsemasyn is Italiaanse rooiwynasyn wat 3–12 jaar in vate verouder word. Indien dit nie beskikbaar is nie, gebruik appelasyn of donker sjerrie.

◆ Sny 'n geurige wors soos chorizo of Russiese wors in skywe en braai dit saam met die ui om die sop geuriger te maak.

SOP EN VOORGEREGTE

STAP VIR STAP KOOKBOEK

SOP EN VOORGEREGTE

DRIEKLEURMOUSSE

Dié koel, kleurryke mousse is volmaak vir middagete op 'n warm somersdag.

TAMATIELAAG
1 e gelatien
3 e water
1 blik (400 g) tamaties met kruie
4 jonguie, fyngekap
2 t fyngekapte vars basiliekruid
2 t fyngekapte vars origanum
1 t strooisuiker
sout en varsgemaalde swartpeper
1 t worcestersous

KOMKOMMERLAAG
1 e gelatien
3 e water
1 groot komkommer, ongeskil en gerasper
sout
250 ml dik ongegeurde jogurt
250 g roomkaas
2–3 knoffelhuisies, fyngedruk
1 t fyn witpeper

GEELWORTELLAAG
1 e gelatien
3 e water
350 g geelwortels, in dun wieletjies gesny
200 ml lemoensap
knippie fyn neutmuskaat
120 ml hoenderaftreksel
250 ml room
gekapte pietersielie, kersietamaties en komkommerskywe vir garnering

1 Om tamatielaag te maak, strooi gelatien oor water en laat dit spons. Verpulp die res van die bestanddele in 'n versapper of voedselverwerker tot glad.

2 Versag die gelatienspons 1–2 minute op medium krag in 'n mikrogolfoond, of oor 'n kastrol warm water. Voeg dit by die tamatiemengsel en meng. Smeer 'n groot broodpan met 'n kleefwerende sproei. Giet die tamatiemengsel daarin, bedek en plaas in die yskas om te stol.

3 Om komkommerlaag te maak, laat spons gelatien in water soos vir die tamatielaag. Plaas gerasperde komkommer in 'n vergiettes, strooi sout oor en laat staan 30 minute. Spoel af onder lopende water, dreineer en druk al die vog met 'n skoon doek uit.

4 Meng komkommer en die res van die bestanddele. Versag gelatienspons soos vir tamatielaag en vou dit in komkommermengsel in. Giet komkommermengsel oor die reeds gestolde tamatielaag, bedek en verkil.

5 Vir die wortellaag, laat spons die gelatien in water. Meng die geelwortels, lemoensap en neutmuskaat in 'n kastrol en verhit tot kookpunt. Laat prut 20 minute. Verwyder wortels met 'n gleuflepel en gooi vloeistof weg. Plaas wortels en hoenderaftreksel in 'n versapper of voedselverwerker en verwerk tot glad. Maak gelatienspons sag en voeg dit saam met die room by die wortelmengsel. Verwerk tot net gemeng. Giet die wortelmengsel oor die gestolde komkommerlaag.

6 Maak die mousse deeglik toe met kleefplastiek en laat dit oornag in die yskas. Keer dit uit op 'n opdienbord, garneer indien verkies met gekapte pietersielie, kersietamaties en dun skyfies komkommer en sit voor in skywe.
LEWER 8 PORSIES.

STAP VIR STAP KOOKBOEK

PERI-PERI HOENDERLEWERS

Eet dié sterkgekruide hoenderlewers saam met dik snye korserige, vars brood om die sous mee op te vee.

500 g hoenderlewers

MARINADE
3 e wynasyn
3 e olyfolie
sap van 1 suurlemoen
2 knoffelhuisies, fyngedruk
2 klein droë rooi brandrissies, ontpit en fyngekap*
1 t fyn komyn
½ t sout
varsgemaalde swartpeper
1 t fyn koljander
1 lourierblaar

SOUS
1 ui, fyngekap
4 t olyfolie
4 t botter
1 e tamatiepasta
2 t worcestersous
skeutjie Tabasco-sous
120 ml hoenderaftreksel
1 e brandewyn
vars koljander, uieringe en 'n klein rooi brandrissie vir garnering

1 Was die hoenderlewers en verwyder alle membrane en verkleurde en donker gedeeltes.

2 Om die marinade te maak, meng al die bestanddele en marineer hoenderlewers 2 uur. Dreineer lewers en hou eenkant, maar behou die marinade.

3 Om die sous te maak, soteer die ui in die olie en botter tot sag maar nie bruin nie. Voeg lewers by en braai 2 minute oor hoë hitte.

4 Verlaag die hitte en voeg tamatiepasta, worcestersous, Tabasco-sous, marinade wat behou is en hoenderaftreksel by.

5 Laat prut sowat 5 minute. Voeg die brandewyn by, verhit goed en skep in individuele, verhitte bakkies. Garneer met koljander, uieringe en brandrissie en sit voor. Korserige broodrolletjies of dik snye vars, tuisgebakte brood is noodsaaklik om die geurige sous mee op te vee.
LEWER 4 VOORGEREGPORSIES.

WENKE

* Die hoeveelheid brandrissie kan verander word na smaak. Indien verkies, kan brandrissiepoeier gebruik word. Wees versigtig, want dit kan baie sterk wees!

◆ Vir 'n interessante manier om hierdie geurige gereg voor te sit, neem klein sosatiepenne en ryg 3–4 gemarineerde hoenderlewers op elk (week houtstokkies eers 30 minute in koue water om te keer dat dit brand). Plaas dit in 'n oondvaste skottel, giet die marinade oor en rooster sowat 2 minute aan elke kant onder die roosterelement terwyl dit dikwels bedruip word. Skep die orige marinade oor en sit voor.

SOP EN VOORGEREGTE

SOP EN VOORGEREGTE

AVOKADO RITZ

Hierdie gewilde avokado-en-garnaalkelkie is 'n uitstekende voorgereg, maar kan ook as 'n ligte middagete genuttig word.

3 ryp avokado's
suurlemoensap

SOUS
2 ekstra-groot eiergele
1 t droë mosterd
1 t sout
knippie witpeper
1 e suurlemoensap
5 t tamatiesous
100 ml dun room
120 ml kookolie
paprika

VULSEL
150 g garnale, gekook
150 g stok- of monnikvis, in blokkies gesny en geposjeer

GARNERING
gesnipperde slaaiblare
6 groot garnale in die skulp gekook, are en kop verwyder
gevulde olywe, in skywe gesny
1 e Deense kaviaar

1 Halveer avokado's, verwyder pitte en hol effens uit om plek te maak vir die vulsel. Bestryk met suurlemoensap om te voorkom dat hulle verkleur.

2 Vir die sous, klits eiergele, mosterd, sout en peper liggies saam. Plaas dit in die boonste deel van 'n dubbelkastrol oor water wat net-net kook. Voeg suurlemoensap, tamatiesous en room by. Voeg olie in 'n egalige straal by en roer voortdurend tot die sous verdik. Roer paprika by. Laat afkoel.

3 Om die vulsel te maak, meng die garnale en vis met die afgekoelde sous. Skep avokado's hoogvol met die vulsel en rangskik op 'n opdienbord.

4 Garneer met gesnipperde kropslaai. Plaas 'n groot garnaal bo-op elke avokadohelfte. Plaas 'n skyfie olyf en kaviaar daarop. Sit dadelik voor.
LEWER 6 PORSIES.

WENKE

◆ Die garnale kan vervang word met ingemaakte tuna of salm as alternatiewe vulsel: vlok die vis en voeg dit in stap 3 by die sous.

◆ Vervang die vis met 300 g gekoopte seekosmengsel wat byvoorbeeld mossels, garnale en calamari bevat.

◆ Die sous kan met 'n goeie mayonnaise vervang word: meng 250 ml mayonnaise, 1 teelepel tamatiesous, 2 eetlepels dun room, ½ teelepel voorbereide mosterd, ½ teelepel Tabascosous en sout en peper.

◆ Om te toets of 'n avokado ryp is, druk dit baie saggies. As dit effens sag is, is dit ryp.

◆ Daar is verskillende variëteite avokado's en die voorkoms en tekstuur van die skil kan wissel van 'n dik, gladde blinkgroen tot 'n skurwe swart of purper. Kies vrugte met skille sonder vlekke.

◆ Avokado's word gewoonlik rou geëet, maar kan ook met sukses gaargemaak word. Hulle smaak heerlik wanneer hulle, met 'n romerige vulsel en kaas of vars broodkrummels daaroor gestrooi, 10–15 minute teen 180 °C (350 °F) gebak word.

◆ As jy 'n suurlemoen vir 'n kort rukkie in baie warm water verhit voordat jy dit uitdruk, sal dit meer sap lewer.

ROULADE

'n Roulade bestaan uit 'n soufflé-mengsel wat gebak word, waarna 'n soutige vulsel daaroor gesmeer en dit soos 'n Switserse rolkoek opgerol word. Byna enige vulsel kan vir 'n gewone roulade gebruik word en dit is 'n uitstekende voorgereg.

75 g botter
75 g koekmeelblom
450 ml melk
4 ekstra-groot eiers
sout en peper

VULSEL
125 g roomkaas of crème fraîche*
1 e vars suurlemoensap
4 e aangesuurde room
1 blik (100 g) tuna, pienk salm of sardiens, gedreineer en gevlok
1 e gekapte vars dille
1 e gekapte vars pietersielie
sout en varsgemaalde swartpeper

1 Smelt botter in 'n kastrol, voeg meel by en roer tot dit 'n roux vorm. Voeg al die melk gelyktydig by terwyl die mengsel voortdurend met 'n draadklitser geklop word tot die sous dik word. Verwyder van hitte en laat effens afkoel.

2 Skei die eiers, klits die eiergele liggies en voeg dit by die witsous. Klits die eierwitte styf, vou dit met 'n metaallepel in die witsous in en geur.

3 Gebruik 'n vel vetpapier of 'n oondvaste baksakkie en voer 'n 23 × 32 cm-rolkoekpan daarmee uit. Smeer dit liggies met 'n deegkwassie. Giet die mengsel in die pan en bak 40–45 minute teen 160 °C (325 °F) tot goudbruin.

4 Meng roomkaas of crème fraîche, suurlemoensap, suurroom, vis, dille, pietersielie en geurmiddels goed.

5 Keer die gaar soufflé op 'n stuk vetpapier uit. Sny die harde rande af – ongeveer 1–2 cm reg rondom. Smeer die vulsel egalig daaroor. Begin aan een van die lang rande en rol die roulade versigtig op. Sit dit heel of in skywe voor as 'n voorgereg.
LEWER 10–12 SKYWE.

WENKE

* Jy kan gekoopte crème fraîche gebruik, maar jy kan ook maklik jou eie maak deur 120 ml dik room en 1 eetlepel karringmelk in 'n glasfles te meng. Draai die deksel toe en laat staan 1–2 dae op 'n warm plek.

◆ Om 'n spinasieroulade te maak, kook 400 g vars spinasie, dreineer goed en verpulp. Vou dit in die witsous in en gaan dan voort met stap 2. Om die vulsel te maak, vervang die vis met 250 g gaar sampioene.

◆ Feitlik enige vis kan vir die vulsel gebruik word – probeer repies gerookte salm of forel, of geposjeerde skelvis, soos verkies.

◆ Dié roulade vries baie goed.

SOP EN VOORGEREGTE

SOP EN VOORGEREGTE

POLENTA MET TAMATIESOUS

Geel Italiaanse polenta is by delikatesse- of spesialiteitswinkels te kry, maar kan ook met growwe geel mieliemeel vervang word.

500 ml water
500 ml melk
2 t sout
250 g polenta of mieliemeel
4 e botter
50 g gerasperde Parmesaan-kaas
½ geklitste eier
½ t fyn neutmuskaat
sout en varsgemaalde swartpeper
ekstra botter

SOUS
1 ui, fyngekap
3 e kookolie
2 knoffelhuisies, fyngedruk
1 blik (400 g) heel, geskilde
   Italiaanse tamaties, in skywe gesny
   en sap behou
1 t suiker
skeutjie worcestersous
1 t droë origanum of
   1 e gekapte vars origanum
sout en varsgemaalde swartpeper
250 ml rooi- of witwyn,
   hoenderaftreksel of water
ekstra Parmesaan-kaas en 'n takkie
   basiliekruid as garnering

1 Laat kook water, melk en sout in 'n kastrol met 'n deksel. Strooi polenta of mieliemeel oor, maar roer voortdurend met 'n houtlepel om klonte te voorkom. Verlaag die hitte, bedek en laat prut sowat 25 minute terwyl dit nou en dan geroer word.

2 Verwyder die polenta van die stoof en roer die botter, Parmesaan-kaas, eier, neutmuskaat, sout en peper by.

3 Giet polenta in 'n gesmeerde 23 × 32 cm-bakplaat en versprei dit so egalig as moontlik. Bedek en laat afkoel. Sny die afgekoelde polenta in vierkante.

4 Plaas die ekstra botter in 'n oondskottel en verhit in 'n oond teen 180 °C (350 °F) tot botter gesmelt het. Plaas polentavierkante in die bak en laat dit weer 10–15 minute opwarm.

5 Maak intussen die tamatiesous: soteer ui in warm kookolie en voeg dan knoffel en tamaties met sap by. Voeg suiker, worcestersous, origanum, sout en peper, wyn of hoenderaftreksel of water – indien jy dit gebruik – by en prut tot die sous verdik.

6 Om voor te sit, skep 'n lepel tamatiesous in individuele bakkies. Plaas 4–6 polentavierkante bo-op, skep nog tamatiesous oor en strooi gerasperde of dun skraapsels Parmesaan-kaas ruimskoots oor. Plaas basiliekruid bo-op en sit dadelik voor.
LEWER 4 VOORGEREGPORSIES.

WENKE

◆ Omdat polenta so vullend is, moet dit met 'n ligte hoofgereg voorgesit word.

◆ Polenta kan saam met 'n verskeidenheid souse voorgesit word of stomend warm saam met gesmelte botter, kruie en kaas geëet word.

STAP VIR STAP KOOKBOEK

OMELETTE

Een van die vinnigste maaltye wat in almal se smaak val. Kies 'n plat of donsige omelet en vul dit met 'n heerlike soutige vulsel.

PLAT OMELET
2 ekstra-groot eiers
2 e water
sout en peper
1 e botter

DONSIGE OMELET
3 ekstra-groot eiers, geskei
sout en peper
1 e botter

VULSELS
gerasperde kaas, gebraaide en gekapte spekvleis, gekapte ham, gekapte tamatie, gekapte vars kruie, gaar sampioene in skyfies gesny, gaar, gevlokte vis, gaar, gekapte hoenderlewers, skyfies gaar aartappel, aspersies in skywe gesny, geroomde spinasie, gekapte jonguie

PLAT OMELET

1 Klits die eiers liggies met 'n vurk tot net gemeng. Voeg die water, sout en peper by en klits weer liggies.

2 Verhit die botter op die stoof in 'n kleefvrye 20 cm-braaipan tot net gesmelt en giet die geklitste eiermengsel daarin.

3 Wanneer die omelet begin gaar word, maak die rande met 'n plastiekspatel los sodat die rou eiermengsel onder inloop. Braai 1–1½ minute lank, of tot so gaar as wat jy verkies.

4 Indien die omelet gevul word, smeer vulsel oor helfte van omelet en gebruik die spatel om ander helfte oor vulsel te vou. Laat omelet versigtig uit die pan op 'n warm bord gly en sit dadelik voor.
LEWER 1 OMELET.

DONSIGE OMELET

1 Klits eiergele liggies saam met sout en peper.

2 Klits die eierwitte met 'n elektriese klitser tot dit sagte punte vorm. Vou die eierwit liggies in die eiergeelmengsel in.

3 Verhit botter op die stoof in 'n kleefvrye 20 cm-braaipan. Verhit intussen die roosterelement van die stoof. Giet die eiermengsel in die pan en maak dit 1–2 minute op die stoof gaar, tot dit aan die onderkant mooi goudbruin is. Plaas die omelet nou onder die voorverhitte roosterelement tot dit effens verbruin.

4 Indien die omelet gevul word, smeer die voorbereide vulsel oor die helfte van die omelet en gebruik 'n spatel om die ander helfte oor die vulsel te vou. Laat die omelet versigtig op 'n warm bord uitgly en sit dadelik voor.
LEWER 1 OMELET.

WENKE

◆ Maak seker dat die persoon wat die omelet gaan eet daarvoor sit en wag – omelette moet dadelik geëet word aangesien hulle gou onsmaaklik raak en dus nie kan staan nie.

◆ Vars eiers is swaar en word ligter namate hulle ouer word. Om die varsheid te toets, plaas die eier in koue water waarby 'n bietjie sout gevoeg is. As dit sink, is dit vars; as dit dryf, is dit sleg.

EIERS EN KAAS

STAP VIR STAP KOOKBOEK

EIERS EN KAAS

BENEDICT-EIERS

'n Gunsteling vir 'n naweekontbyt wanneer jy meer tyd het.

4 skywe ham, of
   4 skywe rugspekvleis
2 Engelse muffins, of
   4 dun snye witbrood
botter vir braai en smeer
4 ekstra-groot eiers
1 e witasyn
4 takkies pietersielie vir garnering

HOLLANDAISE-SOUS
125 g botter
3 e water
2 ekstra-groot eiergele
sout en witpeper
1 e suurlemoensap

1 Sny die ham of spekvleis sodat dit op die muffins pas en braai dit dan in 'n bietjie botter. Sny die muffins deur en rooster net aan die een kant, of rooster die brood aan albei kante en sny die korsies af.

2 Om eiers te posjeer, verhit water, ongeveer 7,5 cm diep, in 'n braaipan tot kookpunt en voeg asyn by.

3 Breek die eiers versigtig in die borrelende water. Al vier eiers kan gelyktydig geposjeer word. Verlaag hitte sodat water net prut en posjeer eiers 4 minute – die wit moet gestol en die geel sag wees. Plaas eiers in 'n bak warm water om dit warm te hou.

4 Vir die Hollandaise-sous, smelt botter in 'n swaarboomkastrol en laat effens afkoel.

5 Klits die water, eiergele en geurmiddels in 'n aparte kastrolletjie. Kook 3 minute oor lae hitte terwyl dit voortdurend geroer word.

6 Haal af van hitte, roer botter in 'n straaltjie by en klop. Roer suurlemoensap by.

7 Plaas ham of spekvleis op elke muffin of sny roosterbrood, plaas 'n warm geposjeerde eier bo-op en skep Hollandaise-sous oor. Garneer met 'n takkie pietersielie of enige ander vars kruie na smaak, en sit dadelik op warm borde voor.
LEWER 2–4 PORSIES, AFHANGEND VAN EETLUS.

WENK

◆ Vervang ham of spekvleis met spinasieblare wat deeglik gewas, gekook, goed gedreineer en drooggemaak is. Vir 'n stewiger ete, plaas 'n porsie geposjeerde, gerookte skelvis op die spinasie, gevolg deur 'n geposjeerde eier.

EIERMOUSSE MET KAVIAARBOLAAG

Hierdie mousse is 'n uitstekende toevoeging tot die spyskaart vir 'n laat ontbyt of skemerpartytjie. Regte kaviaar, gewoonlik die eiers van die Beluga-steurvis, is peperduur, maar kan vervang word met Deense kaviaar, wat swart of rooi gekleur word en geredelik beskikbaar is teen 'n meer bekostigbare prys.

6 hardgekookte eiers, gekap
1 klein ui, fyngekap
1 bossie grasuie, fyngekap
4 e dik, goeie mayonnaise
2 t worcestersous
skeutjie Tabasco-sous
sout en varsgemaalde swartpeper
120 ml slagroom
1 flessie (100 g) rooi Deense kaviaar
1 flessie (100 g) swart Deense kaviaar

1 Vir die mousse, meng eiers met ui, grasuie, mayonnaise, worcestersous en Tabasco-sous. Geur. Die mengsel behoort styf genoeg te wees om sy vorm te behou. Plaas op 'n opdienbord en vorm tot 'n dik, sirkelvormige laag.

2 Klop die room styf en smeer dit oor die eiermousse. Bedek die mousse lossies en verkil vir minstens 1 uur.

3 Om die mousse te garneer, knip 'n kartonsirkel met dieselfde omtrek as die mousse. Verdeel die kartonsirkel in kwarte en knip een kwart uit. Hou die kartonsirkel oor die mousse en skep rooi kaviaar in die opening wat weggeknip is.

4 Lig die karton op, draai dit tot by die volgende kwart van die mousse en skep swart kaviaar in die gaping. Herhaal tot daar vier afwisselende kwartsirkels is. Sit voor saam met Melba-roosterbrood.
LEWER 8–10 PORSIES AS SNOEPHAPPIE SAAM MET DRANKIES.

WENKE

◆ Die eiermousse kan tot 24 uur vooraf tot aan die einde van stap 1 berei word. Bedek goed en plaas in die yskas tot verkil.

◆ In plaas daarvan om die eiermousse met room en kaviaar te bedek, skep dit in 'n mooi bak met 'n voetstuk en plaas gaar pienk garnale wat liggies met seekosmayonnaise gemeng is, bo-op. Garneer met 'n laag gekapte vars pietersielie of dille.

◆ Bêre uie apart, aangesien hulle 'n skerp geur het wat maklik deur ander voedselsoorte geabsorbeer word.

◆ Vryf suurlemoensap of asyn aan jou hande nadat jy uie gekap het om die reuk te verwyder.

EIERS EN KAAS

STAP VIR STAP KOOKBOEK

EIERS EN KAAS

GEBAKTE MOZZARELLA-KAAS

Sit Gebakte Mozzarella-kaas voor met brood om die kaas op te smeer en om die geurige olie mee op te vee.

500 g mozzarella-kaas*
100 ml olyfolie
6 knoffelhuisies, fyngedruk
2 e brandrissiesous** (opsioneel)
1 e gekapte vars origanum
1 e gekapte vars tiemie
1 e gekapte vars roosmaryn
1 lourierblaar

1 Gebruik 'n vleispen en druk gaatjies regoor die mozzarella sodat die gegeurde olyfolie in die kaas kan intrek.

2 Meng die olyfolie, knoffel, brandrissiesous, kruie en 'n lourierblaar in 'n oondskottel wat net groot genoeg is vir die mozzarella-kaas om in te pas.

3 Marineer die kaas ten minste 6–12 uur lank, of verkieslik oornag, in die gegeurde olyfolie. Draai die kaas dikwels om sodat die marinade oral kan intrek.

4 Voorverhit die oond direk voor ete tot 160 °C (325 °F). Verwyder die lourierblaar en bak die kaas 15–20 minute lank in die marinade, totdat dit heeltemal sag en gesmelt is. Sit dadelik voor saam met brood.

5 As die kaas hard word voordat dit geëet word, verhit dit weer in die oond teen 160 °C (325 °F). Moenie oorverhit nie, anders word dit baie hard.

LEWER 6 VOORGEREGPORSIES.

WENKE

* Gebruik vir afwisseling 'n ander kaas – Ricotta of 'n sagte feta.

** Gebruik 'n matige rissiesous wat nie die kaas se delikate geur sal oorheers nie.

◆ Mozzarella-kaas het 'n elastiese tekstuur, 'n delikate geur en 'n ligte, byna melkerige kleur. Dit smelt maklik as dit verhit word en is dus perfek vir pizzas en gebak. Vars mozzarella moet binne 'n dag of wat geëet word, maar geprosesseerde mozzarella sal tot 2 weke in die yskas hou.

◆ Knoffel is 'n hoofbestanddeel van dié aromatiese gereg, nie bloot 'n geurmiddel nie. Moenie dit uitlaat of minder gebruik nie.

STAP VIR STAP KOOKBOEK

GEURIGE FILOPAKKIES

2 e olyfolie
6 jonguie, fyngekap
1 knoffelhuisie, fyngedruk
1 klein geelwortel, fyngerasper
4 rooi tamaties, geskil en gekap
1 t suiker
1 t droë origanum, of
　1 e gekapte vars origanum
200 g sterk gegeurde kaas, bv.
　fontina of Cheddar, gerasper
3 e boontjiespruite
sout en varsgemaalde swartpeper
4 velle filodeeg
100 g botter, gesmelt

VARS TAMATIE-COULIS
500 g rooi tamaties, geskil,
　ontpit en gekap
sout en witpeper
2 e fyngekapte pietersielie of
　2 e fyngekapte basiliekruid
1 t strooisuiker
1 t worcestersous
1 vars groen brandrissie,
　ontpit en gekap

1 Om vulsel voor te berei, verhit olie, soteer jonguie tot sag en voeg dan knoffel by. Voeg wortel by en soteer 2 minute.

2 Voeg gekapte tamaties, suiker en origanum by en laat prut 5 minute. Verwyder van hitte en roer die kaas in terwyl dit nog warm is. Laat afkoel.

3 Vou die boontjiespruite, sout en swartpeper in.

4 Knip elke vel filodeeg in vier vierkante en gebruik twee vierkante vir elke pakkie. Bestryk die deeg met die gesmelte botter en plaas die eerste vierkant deeg bo-op die tweede.

5 Om die pakkies te maak, skep 'n groot lepel vulsel in die middel van elke vierkant. Vat die hoeke bymekaar, draai dit liggies om 'n pakkie te vorm en bestryk met nog gesmelte botter. Plaas op 'n lig gesmeerde bakplaat en bak 10–15 minute teen 190 °C (375 °F). Bedek met foeliekappies indien die pakkies te gou verbruin.

6 Om coulis te maak, geur tamaties met sout en peper. Laat staan dit 30 minute in 'n vergiettes sodat oortollige vog kan dreineer. Voeg kruie, suiker, worcestersous en brandrissie by. Verpulp in 'n voedselverwerker of versapper. Giet in 'n kastrol en verhit tot stomend warm.

7 Om voor te sit, giet 'n bietjie van die warm coulis op 'n individuele bord. Plaas die warm filopakkie op die coulis en sit dadelik voor.
LEWER 8 PAKKIES.

WENKE

◆ Filodeeg is 'n dun, delikate deeg gemaak van meel, water en sout. Dit bevat geen vet nie en die lae moet dus met gesmelte botter of kookolie bestryk word voor gebruik.

◆ Filodeeg droog baie gou uit. Bedek dit dus met 'n skoon, klam doek terwyl jy werk.

◆ Draai die filodeeg deeglik toe met kleefplastiek, dan kan dit tot 'n jaar lank gevries word.

EIERS EN KAAS

EIERS EN KAAS

AVOKADO-EN-BLOUKAASMOUSSE

Die geure van bloukaas en avokado vul mekaar aan en word volmaak gebalanseer in hierdie aantreklike voorgereg met aparte lae, wat ook geskik is vir 'n buffet-ete.

AVOKADOLAAG
3 avokado's, geskil en ontpit
3 e suurlemoensap
2 e fyngekapte pietersielie
250 ml karringmelk
120 ml tuisgemaakte of goeie gekoopte mayonnaise
½ t rooipeper
sout
2 t worcestersous
4 t gelatien
4 e water

BLOUKAASLAAG
125 g romerige bloukaas, gekrummel
250 ml dik, ongegeurde jogurt
2 knoffelhuisies, fyngedruk
3 selderystingels, blare afgesny en fyngekap
2 e gekapte vars grasuie
sout en varsgemaalde swartpeper
1 e gelatien
4 e water
250 ml slagroom
bronkors vir garnering

1 Om die avokadolaag te maak, verpulp die avokado's in 'n voedselverwerker tot glad. Voeg nou al die orige bestanddele, behalwe die gelatien en water, by en verwerk tot glad.

2 Strooi gelatien oor water en laat staan tot dit 'n spons vorm. Maak gelatienspons sag deur dit 1 minuut lank teen medium krag te mikrogolf, of oor 'n kastrol warm water te laat staan, maar nie op die stoof nie. Vou die sagte gelatien in die avokadomengsel in.

3 Spuit 'n 2 liter-ringvorm met 'n kleefwerende sproeimiddel. Giet die avokadomengsel in die ringvorm, bedek en plaas in die yskas tot ferm.

4 Verwerk die bloukaas en jogurt in kort, vinnige sarsies in 'n voedselverwerker tot goed gemeng. Voeg knoffel, seldery, grasuie en geurmiddels by en meng goed.

5 Strooi die gelatien oor die water en laat staan eenkant tot dit 'n spons vorm. Versag die gelatienspons deur dit 1 minuut teen medium krag te mikrogolf, of oor 'n kastrol warm water te laat staan, maar nie op die stoof nie.

6 Terwyl die voedselverwerker aangeskakel is, giet die sagte gelatien in 'n dun straal deur die voerbuis in die bloukaasmengsel. Klits room tot dit effens dik is en vou dit dan versigtig met 'n metaallepel in die verwerkte bloukaasmengsel in.

7 Giet bloukaasmengsel oor die gestolde avokadolaag. Bedek en plaas oornag in yskas, of totdat die mengsel gestol het.

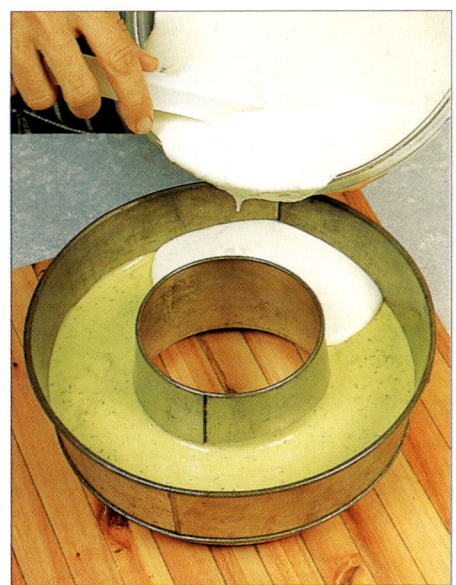

8 Keer uit op 'n groot bord, garneer met bronkors en sit voor met soutbeskuitjies, Melba-roosterbrood of growwebrood.
LEWER 8 VOORGEREGPORSIES OF 10–12 PORSIES AS SNOEPHAPPIES SAAM MET DRANKIES.

WENKE

◆ As jy nie van bloukaas hou nie, kan jy enige ander sagte kaas gebruik, maar jy sal miskien meer geurmiddels nodig hê.

◆ Eet die mousse binne 24 uur nadat dit gemaak is, anders sal die avokado begin verkleur.

STAP VIR STAP KOOKBOEK

KORSLOSE SOUTTERT

Hierdie gereg lok altyd komplimente uit. Ek kan dit in my slaap maak, en die eenvoud en geur maak dit 'n wenner. Dit is ideaal vir teepartye.

1 groot ui, fyngekap
2 e kookolie
1 knoffelhuisie, fyngedruk
1 groen of rooi soetrissie, ontpit en fyngekap
250 g knopiesampioene, in skywe gesny
125 g ham, in blokkies gesny, of gerookte Weense worsies, in skywe gesny
100 g beleë Cheddar-kaas, gerasper
3 ekstra-groot eiers
2 e koekmeelblom
1 t droë mosterd
500 ml melk
1 t droë gemengde kruie
2 e gekapte vars pietersielie
sout en varsgemaalde swartpeper
½ t paprika

1 Braai ui in warm kookolie tot sag en goudkleurig. Voeg knoffel en soetrissie by en braai 2 minute, voeg sampioene by en braai tot die vloeistof verdamp het.

2 Voeg die ham of Weense worsies by en braai vir nog sowat 2–3 minute.

3 Gebruik 'n gleuflepel en skep die mengsel in 'n gesmeerde 2 liter-oondskottel. Strooi 'n laag gerasperde kaas bo-oor.

4 Plaas die eiers, meelblom en droë mosterd in 'n mengbak en klop dit met 'n draadklitser tot die mengsel glad is.

5 Voeg melk, kruie, pietersielie, geurmiddels en paprika by. Klop tot alles goed gemeng is en giet dit oor die uie-en-kaasmengsel in die oondskottel.

6 Bak 45 minute lank teen 180 °C (350 °F), tot opgepof en goudbruin. Sny en sit warm voor as 'n snoephappie.
LEWER 6–8 PORSIES.

WENKE

◆ Die ham of Weense worsies kan weggelaat of vervang word met gedreineerde en gevlokte tuna of gerookte skelvis.

◆ Hierdie tert is baie veelsydig: die uie, kaas, melk en eiers is die noodsaaklike bestanddele; die res kan vervang word met wat jy ook al in die yskas of spens het.

EIERS EN KAAS

STAP VIR STAP KOOKBOEK

EIERS EN KAAS

GROENTETERT

'n Variasie van Quiche Lorraine, die wêreld se mees gewilde oop souttert. Die veeldoelige basiese broskors kan in 'n soet kors omskep word deur 1–2 eetlepels strooisuiker by te voeg.

KORS
125 g koekmeelblom
1 t sout
4 e botter
3 e koue water
1 groot eiergeel
2 t suurlemoensap

VULSEL
125 g knopiesampioene, in skywe gesny
1 e botter
4 jong murgpampoentjies, in skywe gesny
100 g broccoli, in blommetjies gebreek
3 ekstra-groot eiers
500 ml melk
1 t droë mosterd
sout en varsgemaalde swartpeper
½ t fyn neutmuskaat

1 Sif die meelblom en sout saam. Vryf die botter in totdat die mengsel soos broodkrummels lyk. Meng die water, eiergeel en suurlemoensap en voeg dit by die gekrummelde mengsel. Sny dit met 'n rondepuntmes in. Vorm die deeg tot 'n bal en knie liggies op 'n meelbestrooide oppervlak.

2 Rol deeg uit sodat dit in 'n 23 cm-tertbord sal pas. Plaas deeg in tertbord, druk dit vas, bedek en verkil 20–30 minute.

3 Om die vulsel voor te berei, braai sampioene in botter tot sag. Voeg murgpampoentjies en broccoli by en roerbraai 2 minute. Haal die groente met 'n gleuflepel uit, plaas dit in die verkilde tertdop en hou eenkant.

4 Plaas die eiers, melk, droë mosterd, geurmiddels en neutmuskaat in 'n bak. Klop dit met 'n draadklitser tot glad. Giet die mengsel oor die groente.

5 Plaas die tert op 'n bakplaat en bak 45 minute teen 180 °C (350 °F). Sit warm voor saam met mengelslaai as 'n ligte ete, of in wiggies saam met tee of koffie. LEWER 4 PORSIES AS 'N LIGTE MAALTYD, OF 6–8 PORSIES AS 'N SOUTIGE VERSNAPERING.

WENKE

◆ Die tert vries goed: bedek en vries dit 3–6 maande.

◆ Om die tert meer kleurvol te maak, gebruik 1 fyngekapte rooi soetrissie en 6 medium geel kolwynpampoentjies in plaas van die murgpampoentjies.

◆ Vir 'n Quiche Lorraine, braai 1 fyngekapte klein ui in 1 eetlepel kookolie en voeg 125 g gekapte streepspek of ham by. Braai die spekvleis bros, of die ham tot dit deurwarm is. Verwyder van hitte en laat afkoel. Plaas die spekvleis of ham en ui in die tertkors. Gaan voort met stap 4 hierbo.

◆ Om sampioene skoon te maak, vee met 'n klam doek af. As hulle baie vol sand is, dompel hulle eers in koue water voor jy hulle afvee. Hulle absorbeer maklik water en moenie week nie.

VISKOEKIES MET TARTARESOUS

'n Goeie manier om oorskietvis te gebruik of om stokvis in 'n heerlike, interessante maaltyd te omskep.

500 g stokvis
250 g gerookte skelvis
1 lourierblaar
3 skywe suurlemoen
1 ui, in skywe gesny
1 geelwortel, in skywe gesny
1 sny bruinbrood,
   2 cm dik, gerasper
5 t gekapte vars grasuie
1 t paprika
5 t gekapte vars pietersielie
skeutjie Tabasco-sous
kapokaartappels (gemaak van
   4 medium aartappels, 3 e botter
   en 120 ml melk)
1 ekstra-groot eier, geklits
   (opsioneel)
koekmeelblom
1 ekstra-groot eier, geklits
kookolie

TARTARESOUS
150 ml goeie mayonnaise
1 t fyngekapte grasuie
1 e gekapte vars pietersielie
1 t gekapte kappertjiesaad
1 e gekapte agurkie
1 e vars suurlemoensap

1 Plaas die stokvis en skelvis saam in 'n kastrol en bedek met water. Voeg die lourierblaar, suurlemoen, ui en wortel by.

2 Posjeer tot net gaar (ongeveer 15 minute as dit bevrore was) – die vis sal maklik vlok as dit met 'n vurk gesteek word.

3 Skep vis met 'n gleuflepel uit, laat afkoel en vlok met 'n vurk terwyl die vel en grate verwyder word. Plaas in 'n mengbak en voeg broodkrummels, grasuie, paprika, pietersielie en Tabasco-sous by.

4 Voeg kapokaartappels by. As die mengsel te droog is, voeg 'n geklitste eier by – dit moet ferm genoeg wees om koekies te vorm. Vorm koekies, doop in meelblom en laat ongeveer 30 minute in die yskas rus. Dit help dat die koekies hul vorm behou terwyl hulle braai.

5 Doop koekies in die tweede geklitste eier en strooi meer meelblom oor. Vlakbraai in warm olie. Dreineer op papierhanddoek en sit warm voor met Tartaresous.

6 Om Tartaresous te maak, plaas die mayonnaise in 'n mengbak, voeg orige bestanddele by en meng. Skep in 'n opdienbak en laat staan minstens 1 uur voor dit voorgesit word sodat die geure kan meng en sterker kan word.
LEWER 4 PORSIES.

WENK

◆ Gerookte skelvis is baie geurig en die hoeveelheid stokvis in verhouding tot skelvis kan maklik verander word. Die viskoekies is geuriger as dit 'n ruk lank staan: sorg vir 'n rusperiode van 3 uur voor dit gaargemaak word.

VIS EN SEEKOS

STAP VIR STAP KOOKBOEK

VIS EN SEEKOS

VIS EN SKYFIES

Gebakte vis en sy universele bykos, aartappelskyfies, is 'n heerlike gesinsmaaltyd as dit korrek voorberei word: die diepbraai van witvissoorte in 'n smaaklike, beskermende beslag word sterk aanbeveel.

575 g ferm witvisfilette

BESLAG
125 g koekmeelblom
½ t bakpoeier
1 t sout
½ t witpeper
1 eier
250 ml melk
1 t kookolie
kookolie vir bak

AARTAPPELSKYFIES
4–6 groot aartappels
yskoue soutwater
kookolie vir bak

1 Sny die filette in porsies en laat dit op 'n papierhanddoek droog word.

2 Om die beslag te maak, sif die meelblom, bakpoeier, sout en peper saam in 'n bak. Meng die eier, melk en olie in 'n afsonderlike bak. Maak 'n holte in die droë bestanddele, giet die eiermengsel daarin en klop die beslag met 'n draadklitser tot glad.

3 Verhit olie in 'n diep braaipan tot dit warm genoeg is dat 'n blokkie witbrood binne 'n minuut verbruin. Doop visfilette in beslag, braai 3–5 minute in die warm olie en draai een keer om sodat dit aan albei kante verbruin. Verwyder, plaas op 'n papierhanddoek om oortollige olie te absorbeer en hou warm in 'n koel oond of louoond.

4 Om die aartappelskyfies te maak, skil die aartappels en sny dit in repe van 5 × 1 cm. Laat lê die skyfies tot 30 minute lank in yskoue soutwater, verwyder en dreineer goed. Druk deeglik droog met 'n skoon vadoek.

5 Braai aartappelskyfies in warm kookolie tot net sag en verglans. Verwyder en plaas op 'n bakplaat wat met papierhanddoek bedek is. Verhit die olie net voor die ete weer en braai die skyfies tot bros en goudbruin.

6 Dreineer die skyfies weer op 'n papierhanddoek en strooi 'n bietjie sout oor.

7 Sit stukke gebakte vis op warm borde voor saam met ruim porsies warm skyfies. Garneer met baie suurlemoen en eet saam met Tartaresous, indien verkies (kyk bladsy 42). Sit die vis saam met 'n groen mengelslaai voor.
LEWER 4 PORSIES.

WENKE

◆ In plaas van 'n beslag kan vis met broodkrummels of gegeurde meelblom bedek word: meng die meelblom, indien gebruik, met sout en peper; druk die vis goed droog, doop in geklitste eier en dan in meel of broodkrummels; verkil 30 minute sodat die deklaag kan hard word en gaan dan voort met stap 3 hierbo.

◆ Bevrore visfilette kan gebruik word. Vir beter resultate wanneer bevrore filette gebruik word, moenie die vis ontdooi nie, maar bak dit vir 10 minute.

◆ Wanneer die beslag gemaak word, kan die vloeistof afgewissel word vir verskillende resultate: water lewer 'n ligte beslag, melk 'n gladde beslag en bier maak dit meer geurig en lugtig; jy kan ook water en melk meng.

STAP VIR STAP KOOKBOEK

MY OUMA SE INGELEGDE VIS

My ouma aan moederskant was 'n uitstekende kok van tradisionele Suid-Afrikaanse kos, en ek kan baie goed die heerlike middagetes onthou wat op Sondae in my grootouers se huis in Pretoria voorgesit is. My ouma se yskas was altyd propvol lekkernye, en hierdie smullekker ingelegde vis was een daarvan.

60 g koekmeelblom
sout en witpeper
1,5–2 kg ferm witvisfilette,
 in porsies gesny
kookolie vir bak

SOUS
1 kg uie, geskil en
 in dik ringe gesny
375 ml water
2 e kerriepoeier
100 g sagte bruinsuiker
vars gemmer, 1 cm lank,
 geskil en gerasper
3 lourier- of suurlemoenblare
1 t fyn koljander
6 swartpeperkorrels
sout en varsgemaalde swartpeper
1 brandrissie, fyngekap*
500 ml goeie asyn
1 e mieliblom

1 Geur meelblom met sout en peper. Doop die visfilette in gegeurde meelblom sodat dit aan albei kante bedek is. Verhit die olie en bak die vis aan albei kante tot goudbruin en gaar. Plaas op 'n papierhanddoek om af te koel.

2 Kook die uieringe 3 minute in die water.

3 Voeg res van bestanddele, behalwe mielieblom, by uie en water. Verhit tot kookpunt en laat prut 5 minute.

4 Los die mielieblom op in 2 eetlepels water en voeg dit by die uie-en-kerriemengsel. Prut nog 5 minute sonder 'n deksel.

5 Rangskik die vis en uie-kerriesous in lae in 'n groot skottel, of in 'n gesteriliseerde glasfles met 'n deksel.

6 Bedek en marineer die vis 3 dae lank in die yskas voor dit geëet word. Sit voor met 'n verskeidenheid slaaie en dik snye volgraanbrood.
LEWER 6–8 PORSIES.

WENKE

* As jy wil hê die ingelegde vis moet minder skerp wees, kan jy die brandrissie weglaat.

◆ Moenie groot hoeveelhede speserye opberg nie – hulle verloor hul kleur en geur as hulle te lank gehou word. Bêre dit in lugdigte houers, weg van direkte sonlig. Koop speserye liewer in klein maat soos jy dit nodig kry.

◆ Berei die sous in 'n erde- of emaljebak, nie metaal nie, want die hoë asyn-inhoud sal met enige metaal reageer. Roer die sous met 'n houtlepel.

◆ Hierdie sous kan aangepas word om uitstekende ingelegde groente te maak. Jy kan byna enige vars groente gebruik – komkommers, blomkoolrosette, jong murgpampoentjies, piekeluie en soetrissies werk besonder goed. Berei die groente voor en pak dit in lae in 'n erde- of emaljebak. Strooi sout tussen die lae en ook bo-oor. Laat staan die groente minstens 24 uur om die oortollige water uit te trek. Giet die soutwater af en dreineer die groente goed. Berei die sous net soos hierbo, maar laat die uieringe, kerriepoeier en mielieblom weg. Pak die groente in warm, gesteriliseerde flesse (as jy uie inlê, moet jy hulle eers 1–2 minute in asyn kook om hulle sag te maak) en voeg dan die warm sous by. Verseël en laat staan 2 weke voor gebruik.

VIS EN SEEKOS

VIS EN SEEKOS

SOET HARINGS

Haring is 'n olierige vis, soos sardyne en makriel. Harings word meestal ingelê of gepekel eerder as vars geëet.

6 sout harings
200 g witsuiker
150 ml rooiwyn
175 ml appelasyn
10 heel swartpeperkorrels
1 e piekelspeserye
½ t mosterdsaad
2 groot uie, in ringe gesny
1 groot Granny Smith-appel, geskil en in klein blokkies gesny
1 e gekapte vars dille
2 lourierblare

1 Week die harings oornag in koue water. Giet die water af.

2 Gewoonlik word die haring se kop verwyder voor dit gesout word, maar as dit nie gedoen is nie, sny die kop af of breek dit met jou duim en wysvinger af. Indien die ingewande nie verwyder is nie, vlek die maag oop en krap dit uit. Vlek die vis plat oop tot teen die ruggraat. Trek die ruggraat uit deur by die kop te begin en dit met jou vingers los te woel. Breek die ruggraat by die stert af. Sny elke vis in twee filette. Spoel en droog af.

3 Sny die haringfilette in klein repies, sowat 2 cm breed, en sit dit eers eenkant.

4 Om 'n marinade te maak, meng die suiker, rooiwyn en appelasyn in 'n kastrol. Roer oor matige hitte tot al die suiker opgelos het. Voeg die peperkorrels, piekelspeserye, mosterdsaad, uieringe, appelblokkies, gekapte vars dille en lourierblare by. Laat prut 3 minute.

5 Plaas die haringrepies in 'n erde- of emaljebak, nie metaal nie. Giet die marinade oor die vis, bedek en laat marineer 4–5 dae in die yskas. Draai die haringrepies elke dag om.

6 Om soet harings as voorgereg voor te sit, skep dit op 'n bord gegarneer met 'n bros groenslaai gemaak van slaaiblare, skyfies komkommer, jonguie en soetrissie. Saam met beet- of wortelslaai en vars brood en botter is dit ook 'n lekker ligte middagete.
LEWER 6–8 VOORGEREGPORSIES.

WENKE

♦ Voeg 2 ontpitte, gekapte brandrissies in stap 3 by vir 'n skerper smaak.

♦ Om voorbereiding van dié gereg te vergemaklik, koop 12 klaargeweekte southaringfilette, sny hulle in dun repe en gaan voort vanaf stap 4 hierbo.

♦ Piekelspeserye is perfek vir marinades en ingelegde voedsel, want die speserye bly heel en sal nie die vloeistof vertroebel nie.

STAP VIR STAP KOOKBOEK

VIS OP DIE THAI-MANIER

Oosterse geure gee 'n unieke smaak aan gewone witvis.

6 ferm witvisfilette

MARINADE
gerasperde skil en sap
  van 1 suurlemoen
2 knoffelhuisies, fyngedruk
85 ml helder heuning
4 e sojasous
1 e gekapte vars koljander
1 vars rooi brandrissie,
  ontpit en gekap
vars gemmer, 2 cm lank,
  geskil en gerasper

GROENTE
100 g komkommer, ongeskil,
  ontpit en in skywe gesny
100 g snyboontjies, punte afgesny
1 rooi soetrissie, ontpit en in
  julienne-repies gesny
1 bossie jonguie, punte afgesny
100 g klein geelwortels, geskrop
100 g klein suikermielies

1 Plaas filette in 'n bak wat groot genoeg is sodat hulle nie oormekaar lê nie.

2 Meng suurlemoenskil en -sap, knoffel, heuning, sojasous, koljander, brandrissie en gemmer in 'n bak. Giet oor vis en marineer 1–2 uur lank. Draai twee keer om.

3 Haal die filette uit die bak, maar behou die marinade. Rooster die filette 3–4 minute aan elke kant onder hoë hitte. Plaas die gaar vis op 'n warm opdienbord, sit dit in die louoond om warm te bly en berei dadelik die groente.

4 Om die groente te berei, plaas die marinade wat behou is in 'n kastrol wat groot genoeg is vir al die groente. Voeg 4 eetlepels water by en verhit tot kookpunt. Voeg die groente by en laat prut stadig vir 2–3 minute.

5 Om voor te sit, plaas 'n visfilet op 'n warm bord. Skep van die groente oor die filet en sit dit voor met 'n skyfie suurlemoen. Dit is 'n uitstekende voorgereg. Vir 'n meer vullende maal, sit voor saam met Oosterse noedels.
LEWER 6 PORSIES.

WENKE

◆ Hierdie gereg is baie veelsydig. Vervang die vis met garnale wat ontaar en 3 minute aan elke kant gerooster is, of met ontbeende hoenderborsies, blokkies kalkoen of repies bees- of varkvleis.

◆ Die groente kan volgens die seisoene afgewissel word, maar onthou, groente van verskillende kleure maak die gereg besonder aantreklik. Ander moontlikhede is broccoli- en blomkoolrosette, jong murgpampoentjies wat in skywe gesny is, sampioene en klein piekeluitjies.

◆ Sojasous word reeds eeue lank in Oosterse kookkuns gebruik. Dit word gemaak van gegiste, gaar sojaboontjies en graan wat gesout is en waarby 'n spesifieke skimmel gevoeg is.

VIS EN SEEKOS

VIS EN SEEKOS

GEPOSJEERDE HEEL VIS

Die meeste soorte heel vis, veral kabeljou, is heerlik as dit geposjeer word. Dit is 'n ligte gaarmaakmetode waarvoor gekruide aftreksel (court bouillon) altyd gebruik word.

1 salmforel, heel salm of enige ander groot vis, ongeveer 2 kg
komkommer, in dun skyfies gesny
suurlemoenskywe

GEKRUIDE AFTREKSEL
genoeg water om die vis te bedek
250 ml witwyn
1 ui, geskil en in skywe gesny
1 groot suurlemoen, in skywe gesny
2 selderystingels, in skywe gesny
2 lourierblare of 4 suurlemoenblare
1 bouquet garni (takkies pietersielie, salie, vinkel of dille)
1 t sout
'n paar swartpeperkorrels

1 Was vis en druk droog met papierhanddoek. Om uit te werk hoe lank dit geposjeer moet word, meet die vis op die dikste gedeelte en bereken 10 minute kooktyd vir elke 2,5 cm. Bereken die tyd vanaf die oomblik wanneer die aftreksel weer begin borrel nadat die vis bygevoeg is.

2 Meng al die bestanddele vir die aftreksel in 'n groot kastrol of spesiale viskastrol. Verhit tot kookpunt en laat kook 15 minute sonder 'n deksel.

3 Plaas vis op 'n vispotstaander, of vou 'n vel aluminiumfoelie twee keer dubbel, plaas vis daarop en laat sak versigtig in pruttende vloeistof. Verhit tot dit saggies prut en kook solank as bereken.

4 Verwyder van hitte en laat vis in die vloeistof tot heeltemal afgekoel. Hou dit in die yskas of op 'n koel plek. Haal vis uit wanneer dit koud is. Trek die vel versigtig af en verwyder die kieue. Sny die kop af, indien verkies.

5 Knip met 'n skêr al langs die vis se ruggraat en verwyder die grate sorgvuldig.

6 Laat gly die ontgrate heel vis versigtig op 'n opdienbord. Vee die bord versigtig skoon. Die vis kan net so met die oorblywende grate voorgesit word (sê jou gaste dat jy dit doen), of kan soos volg verder ontgraat word.

7 Om die vis in twee filette te verdeel, sny horisontaal langs die maklik sigbare middellyn op die sy van die vis wat bo lê op die bord. Skuif die boonste filet versigtig eenkant toe. Die ruggraat is nou sigbaar; breek die ruggraat by die kop en trek dit van die kop tot die stert uit. Plaas die boonste filet versigtig terug en druk die vis terug in sy oorspronklike vorm. Vee die opdienbord goed skoon.

8 Bedek die vis met skyfies komkommer wat oormekaar lê en garneer met skyfies suurlemoen. Dié gereg lyk pragtig op 'n buffet. Sit dit koud voor saam met gekookte jong aartappels of aartappelslaai en 'n Hollandaise-sous (kyk bladsy 29) of tuisgemaakte mayonnaise (kyk bladsy 61).
LEWER 6 PORSIES.

WENK

◆ Vir 'n lekker sous saam met die vis, kook die aftreksel af met die helfte. Voeg 120 ml room by en verdik die sous met 'n beurre manié – 'n pasta gemaak van 3 eetlepels botter en 3 eetlepels meelblom. Klop goed.

KITSERY

'n Ligte eenskottelgereg bestaande uit gevlokte gerookte vis, eiers en rys. Dit is ideaal vir aandete, maar is ook net reg vir 'n laat ontbyt.

500 g gerookte skelvis,
   vars of bevrore
250 ml water
120 ml witwyn
1 ui, in drie gesny
1 geelwortel, in wieletjies gesny
1 lourierblaar
200 g rys
750 ml kookwater
3 ekstra-groot eiers, hardgekook
1 e botter
1 e kookolie
1 groot ui, fyngekap
1 bossie jonguie, gekap
1–2 t matige kerriepoeier
2 e room
sout en varsgemaalde swartpeper
2 e gekapte vars pietersielie
1 e fyngekapte vars dille

1 Plaas die skelvis in 'n kastrol en voeg water en witwyn by. Voeg die ui, wortel en lourierblaar by. Indien vars skelvis gebruik word, posjeer 10 minute; indien bevrore, posjeer 15–20 minute, of tot die vis sag is en vlok.

2 Wanneer skelvis gaar is, haal dit met 'n gleuflepel uit die vloeistof. Hou 3 eetlepels van die posjeervloeistof eenkant. Laat staan vis tot dit koel genoeg is om te hanteer, verwyder die vel en vlok dit met 'n vurk. Hou eenkant.

3 Plaas rys in 'n kastrol en voeg kookwater en 1 teelepel sout by. Kook tot rys gaar is en die water verdamp het.

4 Sny hardgekookte eiers in blokkies en hou eenkant.

5 Verhit die botter en olie in 'n swaarboomkastrol. Braai die ui en jonguie sag, voeg die kerrie by en braai nog 3 minute. Skep die groente uit die kastrol en hou dit eenkant. Giet die behoue posjeervloeistof en room in die kastrol en roer om die glanslagie in kastrol op te los.

6 Plaas die vis, rys, eier, ui-en-kerriemengsel, geurmiddels en kruie in 'n oondvaste bak. Meng liggies met 'n vurk – as dit te veel gemeng word, sal dit 'n pappery word. Giet die warm posjeervloeistof en room uit die kastrol oor. Indien nodig kan die kitsery weer warm gemaak word deur dit te bedek en 15 minute in die oond te plaas teen 200 °C (400 °F).
LEWER 4–6 PORSIES.

WENKE

◆ Enige ander gerookte vis, bv. makriel of gerookte forel, kan gebruik word.

◆ Bruinrys kan in plaas van witrys gebruik word, indien verkies.

VIS EN SEEKOS

STAP VIR STAP KOOKBOEK

VIS EN SEEKOS

GEROOSTERDE GARNALE

Heerlik saam met knoffel- en suurlemoenbotter.

6–8 groot, of 10–12 klein garnale per persoon.

MARINADE
100 g botter
100 ml kookolie
sap van 2 suurlemoene
2 knoffelhuisies, fyngedruk

KNOFFELBOTTER
125 g botter
2 knoffelhuisies, fyngedruk
½ t sout
½ t varsgemaalde swartpeper

SUURLEMOENBOTTER
125 g botter
2 e suurlemoensap
1 knoffelhuisie, fyngedruk (opsioneel)
½ t sout en ½ t witpeper

1. Garnale word gewoonlik bevrore verkoop. Week hulle in 'n bak koue water tot net sag genoeg om te hanteer. Knip die rug van die garnaal met 'n baie skerp skerppuntskêr oop, of sny dit met 'n skerp mes oop. Lig die swart aar met 'n skerppunt-voorwerp uit en gooi dit weg. Spoel die garnaal vinnig onder koue lopende water af en plaas in 'n oondvaste skottel.

2. Meng al die bestanddele vir die marinade in 'n klein kastrol. Plaas op die stoof en laat dit prut, maar nie kook nie. Laat die mengsel afkoel en giet dit oor die garnale. Marineer 1 uur.

3. Voorverhit die roosterelement. Haal garnale uit marinade en plaas langs mekaar met die snykant na bo in 'n roosterpan. Bestryk met die orige marinade en rooster 3–4 minute weerskante, sowat 6 cm van die element af. As die garnale baie klein is, rooster hulle 2 minute aan elke kant. Bedruip dikwels met marinade. Die garnale is gaar sodra die dop van kleur verander. Moenie oorgaar maak nie, want hulle sal hard word.

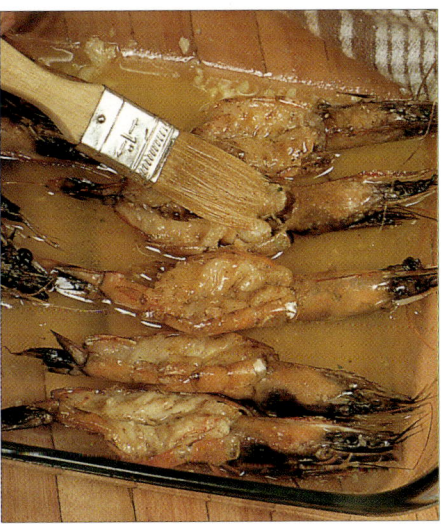

4. Om knoffelbotter te maak, smelt die botter en meng met die res van die bestanddele.

5. Om suurlemoenbotter te maak, smelt die botter en meng dit met die orige bestanddele in 'n klein opdienbakkie.

6. Sit die garnale direk uit die oond voor op geurige rys, en met knoffel- en suurlemoenbotter.

WENK

◆ Om geurige rys te maak, roer 2 teelepels paprika, ½ teelepel rooipeper, geurmiddels, 1 rooi en 1 geel soetrissie, gekap, en 4 eetlepels gekapte pietersielie in 'n skottel vol gaar, donsige witrys.

DIEPGEBRAAIDE CALAMARI

Calamari moet vinnig oor hoë hitte of anders stadig gaargemaak word; vir 'n sagte, heerlike eindresultaat het ek besluit op diepbraai. Die calamari kan met meel bestrooi of in beslag gedoop word voordat dit in diep olie gebraai word – dit is 'n kwessie van persoonlike keuse, en jy moet besluit watter metode jy verkies.

1 kg skoongemaakte calamari, of
   1,5–2 kg calamari wat nie
   skoongemaak is nie

MEEL-DEKLAAG
125 g koekmeelblom
skoon kookolie vir diepbraai
sout
suurlemoenwiggies

BESLAG
125 g koekmeelblom
1 t bakpoeier
knippie sout
1 groot eier
1 e kookolie
150 ml melk of water
skoon kookolie vir diepbraai
sout
suurlemoenwiggies

1 Om die calamari skoon te maak, sny die kop en tentakels af en gooi die kop weg. Trek die pers vel van die lyf af en gooi dit weg. Trek die deurskynende penne uit en spoel die buise uit. Sny die tentakels en lyf in ringe. Maak goed droog op papierhanddoek.

2 As jy 'n deklaag van meelblom gaan gebruik, verhit ongeveer 10 cm olie vir diepbraai. Doop die calamari-ringe in meel en skud die oortollige meel af.

3 Verdeel calamari in 4 porsies. Braai een porsie op 'n slag tot die ringe goudkleurig is aan een kant, draai om en braai aan ander kant. Dreineer op papierhanddoek, strooi sout oor en sit onmiddellik voor met suurlemoenwiggies of Tartaresous (kyk bladsy 42).

4 As jy beslag gebruik, sif die meelblom, bakpoeier en sout saam in 'n mengbak. Meng eier, olie en melk of water in 'n ander bak. Maak 'n holte in die middel van die droë bestanddele en giet eiermengsel daarin. Roer met 'n houtlepel tot die beslag glad is.

5 Verhit sowat 10 cm olie vir diepbraai, verdeel die calamari in vier porsies en braai een porsie op 'n slag. Doop die calamari in die beslag, lig dit met 'n vurk uit en sit dit in die warm olie. Braai tot die ringe goudbruin en opgepof is. Dreineer op papierhanddoek. Strooi sout oor en sit dadelik voor saam met suurlemoenwiggies of Tartaresous (kyk bladsy 42).
LEWER 4 HOOFGEREGPORSIES,
OF 6 VOORGEREGPORSIES.

WENK

◆ Calamari kan soms baie taai wees, maar die volgende wenke sal help om dit sagter te maak: bedek die ringe met melk en laat dit 1 uur staan. Giet die melk af en druk die calamari goed droog met papierhanddoek. Bedek met meelblom of beslag en braai.

VIS EN SEEKOS

STAP VIR STAP KOOKBOEK

VIS EN SEEKOS

KREEFMAYONNAISE

Kreef staan bekend as die koning van die skulpvisse. Wanneer jy vars kreef koop, maak altyd baie seker dat hulle lewe en beweeg.

1 kreef per persoon
kookwater

MAYONNAISE
2 ekstra-groot eiergele
½ t droë mosterd
½ t sout
knippie witpeper
½ t suiker
250 ml kookolie of slaaiolie
1 e asyn of suurlemoensap
1 e gekapte vars kruie (pietersielie, dragon en dille)

1 Weeg eers die kreef. Plaas dit dan op 'n bord en druk dit met een hand en 'n skoon vadoek stewig vas. Gebruik die punt van 'n groot mes en druk dit deur die kreef waar die stert aan die liggaam vas is. Die kreef sal miskien nog bly beweeg as gevolg van die senuweepunte wat afgesny is.

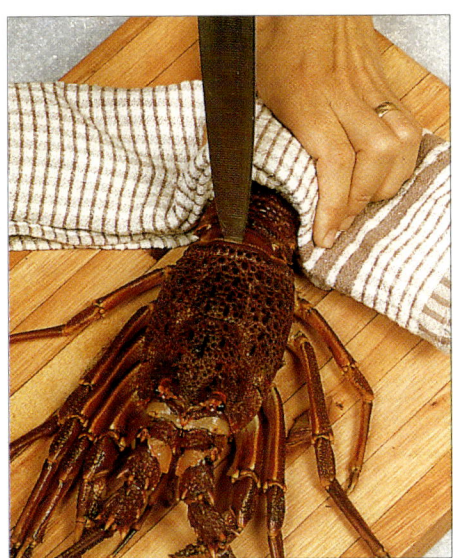

2 Plaas kreef in water wat vinnig kook en kook 5 minute per 450 g. Moenie te lank kook nie. Verwyder kreef uit water en laat afkoel tot dit hanteer kan word.

3 Sny die kreef oorlangs deur met 'n skerp mes. Verwyder die ingewandsaar wat oor die lengte van die rug loop, asook die sagte stof in die liggaam en bodeel van die kop. (Die orige gaar kreef kan styf toegedraai en dan tot 24 uur lank in die koudste deel van die yskas verkil word.)

4 Verwyder kreefvleis versigtig sonder om die doppe te beskadig, sny dit in blokkies en sit opsy. Hou die gehalveerde doppe.

5 Om mayonnaise te maak, moet al die bestanddele teen kamertemperatuur wees. Plaas eiergele, mosterd, geurmiddels en suiker in die bak van 'n voedselverwerker. Gebruik die metaallem en meng alles deeglik tot glad.

6 Laat die voedselverwerker loop en giet die olie stadig en egalig deur die voerbuis. Voeg die asyn of suurlemoensap by en meng goed. Vou die vars kruie in.

7 Om voor te sit, meng die kreefvleis met 'n bietjie van die mayonnaise en rangskik dit op 'n bord versier met kreefdoppe, of plaas die kreefvleis terug in die doppe, skep van die mayonnaise daaroor en rangskik dan die kreefhelftes op 'n bord. Garneer met jonguie, slaaiblare, klein tamaties en 'n paar skyfies hardgekookte eier. Verkil en sit voor met ekstra mayonnaise.

WENK

◆ Kreef wat oor die kole gebraai is, smaak heerlik – bestryk dit dikwels met gesmelte botter en braai sowat 10 minute. Draai een keer om. Sit onmiddellik voor.

STAP VIR STAP KOOKBOEK

GEVULDE MOSSELS

Deesdae word swartmossels kommersieel geteel, daarom is dit meer geredelik beskikbaar. Indien jy naby die see woon, kan jy natuurlik jou eie mossels gaan uithaal, maar vergewis jou van die toelaatbare hoeveelheid, en maak seker dat daar nie rooigety in jou area is nie.

1 kg swartmossels in halwe skulpe, vars of bevrore
125 g vars witbroodkrummels
125 g botter
2 e witwyn
skeutjie Tabasco-sous
4 jonguie, fyngekap
2 knoffelhuisies, geskil en baie fyn gekap
2 e baie fyn gekapte vars pietersielie
1 e baie fyn gekapte vars dille
sout en varsgemaalde swartpeper
skyfies suurlemoen
ekstra takkies vars dille vir garnering

1 Skrop vars mossels onder koue water en verwyder die 'baard'. Stoom 5 minute in 'n groot kastrol. Gooi dié wat nie oopgegaan het nie, weg. Gooi helfte van die skulp weg. As jy bevrore mossels gebruik, moenie ontdooi nie. Rangskik die mossels op 'n bakplaat.

2 Meng krummels, botter, wyn, Tabasco-sous, jonguie, knoffel, pietersielie, dille, sout en peper 2 minute in 'n voedselverwerker met 'n metaallem.

3 As dit vars mossels is, maak seker dat hulle heeltemal afgekoel het. Smeer ongeveer 2 teelepels van die vulsel oor elke mossel, maar wees versigtig om nie die delikate vleis te beskadig nie.

4 Rooster mossels 3–5 minute onder 'n voorverhitte roosterelement tot die botter gesmelt en die krummels goudbruin is. Plaas op verhitte bordjies of 'n groot verhitte opdienbord. Garneer met suurlemoenwiggies en takkies dille. Sit voor saam met droë witwyn.
LEWER 4–6 VOORGEREGPORSIES, OF 3 HOOFGEREGPORSIES.

WENKE

◆ Mossels van verskillende kleure word wêreldwyd aangetref. Enige groot mossel is geskik vir dié gereg, maar die kleintjies is nie so smaaklik nie en daar is te min ruimte om hulle te vul.

◆ Moenie ingemaakte mossels gebruik nie. Hulle is te klein om gevul te word, en die pekel in die blik affekteer die geur.

◆ Bevrore halfskulp-mossels is ideaal om gevul te word, want hulle is klaar skoongemaak en vooraf gestoom. Moenie die mossels vooraf ontdooi nie – smeer bloot die vulsel bo-oor en rooster hulle.

VIS EN SEEKOS

PLUIMVEE

30 MINUTE-HOENDERKERRIE

Ek het gedurende 'n kursus oor die kookkuns van Sri Lanka in Hongkong geleer om die smaaklike kerrie te maak. Dit is binne 'n uur gereed en is lekker genoeg om aan gaste voor te sit.

1,5 kg hoenderdye
2 t sout
5 kruienaeltjies
5 kardamompeule
2 t kerriepoeier
1–2 t brandrissiepoeier
½ t borrie
1 e fyn koljander
2 t paprika
500 ml kookwater
100 g droë klapper
3 e kookolie
1 groot ui, fyngekap
vars gemmer, 2 cm lank, geskil en fyn gerasper
3 knoffelhuisies, fyngedruk
4 cm-stuk sitroengras
4 rooi tamaties, geskil en gekap
3 lourierblare
1 stuk pypkaneel
2 groen brandrissies

1 Verwyder die vel van die hoender. Meng die sout, naeltjies, kardamom, kerriepoeier, rissiepoeier, borrie, koljander en paprika. Vryf dit in hoender in en laat staan minstens 5 minute, of bedek en laat oornag in die yskas om die geur te verbeter.

2 Giet kookwater oor die droë klapper en laat staan 'n rukkie om uit te swel. Verhit intussen die olie in 'n braaipan. Voeg die uie by en braai tot ligbruin. Voeg die gemmer, knoffel, sitroengras, tamaties, lourierblare en kaneel by. Soteer 'n paar minute.

3 Halveer brandrissies en verwyder die skerp, branderige saad. Sny brandrissies in dun repies en voeg by uiemengsel. Wees versigtig, brandrissies is baie skerp: moenie jou oë vryf nadat jy rissies hanteer het nie, en was jou hande goed. Dit kan miskien help om rubberhandskoene te dra.

4 Voeg die hoenderdye by die uiemengsel en soteer dit vir 'n paar minute.

5 Om die klappermelk af te giet, giet die geweekte klapper in 'n skoon doek wat oor 'n bak geplaas is. Druk al die klappermelk in die bak uit en gooi die droë klapper weg. Voeg die klappermelk by die hoender. Bedek en laat prut 30 minute. Roer nou en dan. Voeg nog geurmiddels by, indien nodig. Sit voor saam met dhal (lensies) of rys en 'n verskeidenheid geurige sambals. Let daarop dat die sous nie dik is nie.
LEWER 4–6 PORSIES.

WENKE

◆ Kerrie smaak altyd beter as dit die vorige dag gemaak word.

◆ Sit kerrie voor met dié sambals:
– skyfies piesang, gedoop in vars suurlemoensap en daarna in droë klapper gerol.
– dik Griekse jogurt, gemeng met gerasperde komkommer en 'n tikkie knoffel.
– geroosterde grondboontjies, ontpitte rosyntjies en sultanas.
– fyngekapte ui, gekapte groen en rooi soetrisses en geskilde, gekapte tamatie.

FLORENTYNSE HOENDER

Hierdie hoendergereg is vinnig om voor te berei en is ook 'n uitstekende manier om oorskiethoender of -kalkoen op te gebruik.

500 g vars spinasie
1 t fyn neutmuskaat
500 g hoenderborsfilette
500 ml hoenderaftreksel
3 e botter
3 e kookolie
1 ui, fyngekap
300 g knopiesampioene, in skywe gesny
1–2 t kerriepasta (opsioneel)
3 e meelblom
250 ml melk
sout en varsgemaalde swartpeper
25 g vars broodkrummels
2 e Parmesaan-kaas

1 Spoel spinasie goed af in baie soutwater. Skeur spinasie van stele af en plaas die blare in 'n kastrol. Voeg 100 ml water by en kook 5 minute. Dreineer baie goed. Kap spinasie met 'n baie skerp mes of in 'n voedselverwerker fyn. Voeg neutmuskaat by. Plaas 'n laag spinasie op die boom van 'n ovaal 18 × 28 cm-oondskottel.

2 Posjeer hoender 4 minute in kokende hoenderaftreksel. Dreineer en behou 250 ml aftreksel vir die sous. Sny hoender in repies en plaas bo-op spinasie.

3 Vir die sous, smelt botter en olie, voeg ui by en soteer lig tot sag. Voeg die sampioene en kerriepasta, indien gebruik, by. Soteer 'n paar minute.

4 Roer die meelblom met 'n houtlepel in die botter-en-sampioenmengsel in.

5 Voeg die melk en behoue hoenderaftreksel by. Roer oor medium hitte tot die sous gaar en verdik is. Voeg geurmiddels by.

6 Giet die sous oor die hoender. Meng die broodkrummels en Parmesaan-kaas en strooi dit egalig oor die sous. Bak 45 minute teen 180 °C (350 °F), tot die gereg deurwarm en die broodkrummels goudbruin is. Sit dit voor saam met gebakte aartappels en 'n slaai.
LEWER 4 PORSIES.

WENKE

♦ Om hierdie gereg in 'n kits te maak, gebruik bevrore spinasie en vervang die sous met 'n blikkie sampioensop. Ontdooi die spinasie, druk die oortollige vog uit en plaas dit in 'n bakskottel. Verdun die sop met 250 ml melk, verhit stadig en roer totdat die sop romerig is. Giet dit oor die hoender. Strooi krummels oor en bak 45 minute teen 180 °C (350 °F).

♦ Dié gereg is uitstekend vir oorskietkalkoen of -braaihoender. Indien jy oorskietvleis gebruik, vervang die 500 ml hoenderaftreksel met 250 ml aftreksel wat met 'n aftrekselblokkie gemaak is. Slaan stap 2 oor, sny die oorskietvleis in repies en plaas dit op die spinasie.

PLUIMVEE

STAP VIR STAP KOOKBOEK

PLUIMVEE

GEBRAAIDE EEND MET LEMOENSOUS

Eend bevat heelwat meer vet as hoender of kalkoen, maar minder vleis. Bereken dus 350–500 g eend per persoon. Die vars sitrusgeur van die lemoensous sluit goed aan by die ryk smaak van die eend.

1 × 2 kg-eend
sout
varsgemaalde swartpeper

LEMOENSOUS
75 g suiker
4 e water
3 e growwe lemoenmarmelade*
250 ml varsuitgedrukte lemoensap
5 t gerasperde lemoenskil
4 e brandewyn

1 Vee die eend aan die binne- en buitekant af met 'n klam doek. Prik die vel oral sodat die vet kan dreineer. Strooi ruim sout en peper oor. Die sout help om die vel lekker bros te maak.

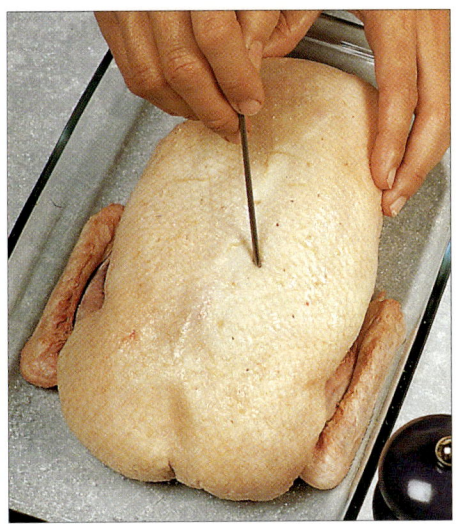

2 Plaas die eend met die borskant na bo in 'n braaipan en bak ongeveer 2 uur teen 180 °C (350 °F). Bereken 30 minute per 500 g eend. Die oondtemperatuur kan na 1 uur verlaag word tot 160 °C (325 °F). Die eend moet 15 minute in die louoond rus voor dit gesny word.

3 Om die sous te maak, verhit die suiker en water saam in 'n swaarboomkastrol. Roer tot die suiker opgelos is, en laat kook dan sonder om te roer tot die mengsel goudkleurig is.

4 Voeg marmelade, lemoensap, skil, en brandewyn by. Laat prut tot effens afgekook. Giet die sous oor die gebraaide eend of sit dit in 'n souspot voor. Sit op die tradisionele manier voor, saam met gebraaide of gekookte aartappels, ertjies, jong worteltjies en sous.
LEWER 4 PORSIES.

WENKE

* Vervang die lemoenmarmelade met appelkooskonfyt, as jy wil.

◆ Grand Marnier, 'n soet lemoenlikeur, is 'n ideale plaasvervanger vir die brandewyn.

◆ Om makliker voor te sny, koop twee kleiner eende vir 4 mense, sodat elkeen 'n halwe kry.

◆ Om eend voor te sny, sny die vel tussen die bene en lyf met 'n skerp kombuisskêr voordat die borsvleis voorgesny word. Sny onder die vlerkgewrigte deur die borsvleis tot op die been. Sny die vlerke af, wat gewoonlik nie geëet word nie. Sny reguit afwaarts en van voor na agter oor die bors om dun skywe borsvleis te kry. Verwyder die boude deur die mes in die gewrig in te forseer en die boud af te sny. Sny die boude by die gewrig middeldeur.

◆ Vir die beste resultate met voorsny, gebruik altyd 'n voorsnymes wat goed skerp gemaak is, en 'n voorsnyvurk.

STAP VIR STAP KOOKBOEK

KALKOEN MET MACADAMIA-BOTTER

Gebraaide kalkoen is reeds sedert die sewentiende eeu die kroon van die Engelse kookkuns, en perfek vir 'n feesmaal. Macadamia-botter hou die borsvleis heerlik sag, en die vulsel is 'n heerlike bykos.

1 × 6 kg-kalkoen
250 ml water
kookolie

MACADAMIA-BOTTER
100 g macadamia-neute
2 t kookolie
150 g sagte botter
2 knoffelhuisies, fyngedruk
2 e gekapte vars pietersielie

VULSEL MET SPEKVLEIS, SAMPIOENE EN ROOSMARYN
8 repe vet streepspekvleis
2 uie, gekap
250 g sampioene, in skywe gesny
2 e gekapte vars roosmaryn
4 selderystingels, gekap
250 g vars broodkrummels
sout en varsgemaalde swartpeper

1 Verwyder die kalkoen se nek en binnegoed. Spoel onder koue water af en druk die binne- en buitekant deeglik droog. Maak die vel oor die bors en bodeel van die boude versigtig met jou vingers los, sonder om dit te skeur.

2 Om die macadamia-botter te maak, rooster die neute in 'n braaipan in olie. Roer voortdurend en hou dit goed dop, want neute kan baie gou brand.

3 Plaas die neute, botter, knoffel en pietersielie saam in 'n voedselverwerker en verwerk tot glad. Verkil tot ferm. Druk botter onder die los vel in en wees weer versigtig dat die vel nie skeur nie.

4 Vir vulsel, braai spekvleis bros, haal uit en sny in stukkies. Plaas uie, sampioene, roosmaryn en seldery in pan en braai 'n paar minute in die uitgebraaide vet – voeg nog olie by indien nodig. Verwyder van hitte. Roer krummels, spekvleis en geurmiddels by.

5 Laat vulsel heeltemal afkoel en vul liggaamsholte net voor kalkoen in oond geplaas word. Plaas dit in 'n braaipan en voeg water by. Bestryk die hele kalkoen met olie. Bak 30 minute in 'n voorverhitte oond teen 180 °C (350 °F), verlaag die temperatuur tot 160 °C (325 °F) en braai sowat 3½ uur. Bedek kalkoen na 1 uur met aluminiumfoelie sodat die vel nie te donker word nie. Die kalkoen is gereed wanneer die vel goudbruin is en die sappe helder is wanneer 'n vurk in die boudgewrig gesteek word. Sit voor saam met sous, braaiaartappels, Brusselse spruitjies en verglansde wortels.
LEWER 6–8 PORSIES.

WENK

◆ Om 'n kalkoen vas te bind, draai die bors na bo. Bring die bene teenaan die bors en steek die vlerke onder die bene in. Plaas 'n lang stuk slagterstou oor die nekkant van die bors, oor die vlerke en kruis die tou onder die kalkoen. Bring die punte op en terug oor die bene. Bind dan die boude en die stuitjie vas.

PLUIMVEE

STAP VIR STAP KOOKBOEK

PLUIMVEE

HOENDERSATÉ'S

Indonesiese saté's is 'n uitstekende voorgereg. Dit lyk baie aantreklik en smaak heerlik as dit oor die kole gaargemaak word.

8 hoenderborsies
24 hout-sosatiestokkies

MARINADE
150 ml olyfolie
100 ml vars suurlemoensap
2 knoffelhuisies, fyngedruk
2 t garam masala
  of kerriepoeier
knippie rooipeper
½ t fyn gemmer
sout en varsgemaalde
  swartpeper
1 e fyngekapte vars koljander
sesamsaad

GRONDBOONTJIESOUS
100 g korrelrige
  grondboontjiebotter
1 e vars suurlemoensap
1 knoffelhuisie, fyngedruk
1 t strooisuiker
2 e sojasous
1 t Tabasco-sous
1–2 e halfdroë sjerrie
120 ml dun room

1 Sny elke hoenderborsie in drie lang repe.

2 Vir die marinade, meng al die bestanddele behalwe die sesamsaad in 'n bak (nie metaal nie). Plaas die hoender in die marinade en roer tot goed bedek. Bedek en los oornag, of minstens 3 uur, in die yskas.

3 Haal die hoenderrepe uit die marinade. Begin met die smalste punt van elke vleisreep en ryg dit konsertinagewys op die stokkies. Doop dit in sesamsaad.

4 Rooster oor warm kole of onder die roosterelement tot goudbruin. Bedruip dikwels met marinade. Hulle word gou gaar – sowat 3 minute aan elke kant.

5 Vir grondboontjiesous, plaas al die bestanddele, behalwe sjerrie en room, in 'n klein kastrol. Roer voortdurend en kook oor lae hitte en tot glad. Verlaag die hitte, voeg sjerrie en room by en verhit tot deurwarm. Giet in 'n klein bakkie en sit apart voor. Sit saté's voor met tamatie, jonguie en 'n takkie koljander as garnering en verskaf vingerbakkies.
LEWER 6–8 PORSIES.

WENKE

◆ Vir 'n skerper grondboontjiesous, voeg 1–2 eetlepels brandrissiepoeier by.

◆ Die sous kan vooraf berei, dig toegemaak en tot 2 dae in die yskas gehou word.

◆ Week die sosatiestokkies 2 uur in koue water voor gebruik. Dit sal voorkom dat hulle brand.

◆ Vir 'n interessante variasie, maak 'n verskeidenheid saté's met hoender-, bees- en varkvleis. Marineer die repe bees- en varkvleis op dieselfde manier as die hoender en gaan voort vanaf stap 2 hierbo.

AMERIKAANSE GEBRAAIDE HOENDER

Die geheim van dié heerlike hoender is dat dit twee keer gaargemaak word – eers in 'n drukkoker sodat dit klam bly, en dan in 'n diepbraaier vir 'n smaaklike, bros lagie.

1 kg hoenderstukke
water
sout en varsgemaalde swartpeper
125 g koekmeelblom
1 t paprika
1 t knoffelsout
1 t uiesout
1 t droë gemengde kruie
1 ekstra-groot eier
85 ml melk
2 e suurlemoensap
kookolie vir braai

1 Plaas die hoenderstukke in 'n drukkoker. Bedek met water en geur met sout en peper. Verhit tot die drukkoker stoom en kook dan 10 minute op volle druk. Laat die hoender afkoel en verwyder dit dan uit die drukkoker.

2 Meng die meelblom, paprika, knoffelsout, uiesout en die gemengde kruie in 'n plat bak. Klits eier, melk en suurlemoensap saam en plaas dit in 'n ander plat bak (nie metaal nie).

3 Doop die hoender eers in die eiermengsel en daarna in die gegeurde meelblom. Vir 'n brosser, swaarder kors, strooi eers 'n klein bietjie gegeurde meelblom oor die hoenderstukke, doop die hoender dan in eiermengsel en bedek weer met gegeurde meelblom.

4 Plaas die hoender 30 minute in die yskas om die kors hard te maak voordat dit gebraai word (dit sal voorkom dat die kors afval terwyl die hoender braai).

5 Diepbraai in warm olie tot goudbruin, draai om en braai ander kant. Sit dadelik voor saam met aartappelskyfies of gebakte aartappels, ertjies en 'n vars slaai.
LEWER 4–6 PORSIES.

WENKE

◆ Hierdie hoendergereg kan vooraf berei word: Berei tot aan die einde van stap 4, bedek goed en verkil of vries.

◆ Om die kors skerper te geur, voeg 1 teelepel rissiepoeier by die meelblom.

◆ Diepbraai kan gevaarlik wees, want die temperatuur van die warm olie is ongeveer 190 °C (375 °F). Tref dus die volgende voorsorgmaatreëls:
– Die pan moet nooit meer as half vol wees nie.
– Indien die olie sou oorkook, skakel onmiddellik die plaat af en bedek die pan met 'n deksel of 'n bakplaat.
– Met 'n diepbraaipan is dit beter om 'n draadmandjie te gebruik om voedsel in die olie te plaas of uit te haal.

PLUIMVEE

STAP VIR STAP KOOKBOEK

PLUIMVEE

FRANSE BRAAIHOENDER

'n Heerlike, sappige braaihoender gestop met 'n verrassende vulsel van spinasie en fetakaas.

1 × 1,5 kg-hoender
'n bietjie kookolie
sout en varsgemaalde swartpeper
250 ml hoenderaftreksel

VULSEL
5 t kookolie
5 t botter
1 ui, fyngekap
2 jonguie, fyngekap
1 knoffelhuisie, fyngedruk
100 g vars spinasie, skoon afgespoel en fyngekap
125 g fetakaas, gekrummel
sny bruinbrood, 2 cm dik, korsies afgesny en gerasper
3 e gekapte pekanneute
1 t fyn neutmuskaat

1 Werk van die nek af en maak die vel oor die bors versigtig met jou vingers los – pasop dat die vel nie skeur nie.

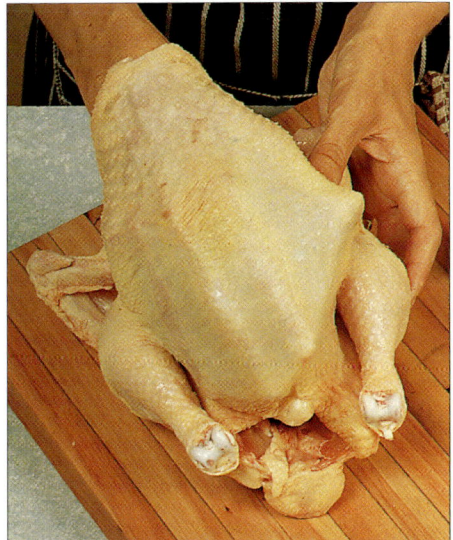

2 Vir die vulsel, verhit die olie en botter, voeg ui en jonguie by en braai tot sag en goudkleurig. Voeg knoffel en spinasie by en braai tot sag. Voeg kaas, krummels, neute en neutmuskaat by. Laat afkoel.

3 Druk die afgekoelde vulsel onder die los vel in en steek dit met peuselstokkies vas.

4 Plaas hoender sonder deksel in 'n braaipan. Bestryk liggies met kookolie en geurmiddels. Giet aftreksel om hoender. Bak 1½ uur teen 160 °C (325 °F).

5 Bedruip elke 30 minute met pansappe. Moenie omdraai nie, want die bors sal beskadig. As die vel te gou verbruin, bedek lossies met aluminiumfoelie. Laat die hoender 15 minute in die louoond rus voor jy dit voorsny.

6 Om die sous te maak, verdik die pansappe met 1 eetlepel meelblom. Roer voortdurend met 'n houtlepel. Voeg nog vloeistof soos hoenderaftreksel, witwyn of water by indien nodig. Kook die sous af, giet dit in 'n sousbakkie en sit dit apart voor. Sit die hoender voor saam met braaiaartappels en seisoensgroente.
LEWER 4–6 PORSIES.

WENKE

◆ Onthou om die peuselstokkies te verwyder voordat jy die hoender voorsit!

◆ As vars spinasie nie te kry is nie, kan jy bevrore spinasie gebruik. Ontdooi en druk al die vloeistof uit voor jy dit braai.

◆ Gebruik dié resep vir 'n heerlike sappige braaihoender. Laat die vulsel weg, bestryk die hoender met kookolie, geur met sout en varsgemaalde swartpeper en voeg 250 ml hoenderaftreksel by in die braaipan. Bak 1¼ uur teen 180 °C (350 °F).

STAP VIR STAP KOOKBOEK

ROERBRAAI-HOENDER MET GEBRAAIDE RYS

'n Gesonde maaltyd propvol allerlei knarsige groentes.

4 e sojasous
1 e droë sjerrie
1 e mielieblom
2 t suiker
1 knoffelhuisie, fyngedruk
2 t fyngerasperde vars gemmer, of 1 t fyn gemmer
575 g hoenderborsies sonder vel, in dun skywe gesny
3 e kookolie
575 g groente, soos gekerfde kool, boontjiespruite, geelwortels in wieletjies gesny, jonguie, rooi en groen soetrissie, 'sugar snap'-ertjies en blomkoolblommetjies
125 g sampioene, in skywe gesny
sout en varsgemaalde swartpeper

GEBRAAIDE RYS
200 g rys
750 ml water
sout
125 g swoerdlose streepspekvleis
2 eiers, lig geklits
2 e kookolie
3 e gekapte jongui
1 e sojasous

1 Meng die sojasous, sjerrie, mielieblom, suiker, knoffel en gemmer in 'n bak. Voeg die hoenderstukke by en meng goed sodat al die stukke bedek is. Laat 30 minute staan.

2 Verhit kookolie en roerbraai die hoender 4 minute in die marinade. Voeg groente by en roerbraai nog 3–5 minute. Geur.

3 Om gebraaide rys te maak, kook rys met 'n bietjie sout in die water tot dit net sag is en die water verdamp het. Braai intussen spekvleis bros. Laat afkoel en breek in happie-grootte stukkies.

4 Giet eiers in die vet van die spekvleis en roer oor matige hitte tot dit gestol maar nie hard is nie. Verwyder uit die pan. Laat afkoel en breek in klein stukkies.

5 Plaas 2 eetlepels kookolie in pan, voeg rys by en roer oor matige hitte tot dit met olie bedek is. Voeg spekvleis, roereier, jongui en sojasous by. Maak deurwarm. Skep die roerbraai-hoender en groente op die rys en sit voor.
LEWER 6 PORSIES.

WENKE

◆ Dié gereg is 'n ideale manier om oorskietgroente te gebruik.

◆ Vervang die hoender met dun repies bees- of varkvleis.

◆ Indien verkies kan die streepspekvleis weggelaat word: maak dan die roereier met 1 eetlepel warm kookolie.

◆ Strooi 'n bietjie sesamsaad oor net voor dit voorgesit word om dit knarserig te maak.

◆ Vir 'n vegetariese ete, gebruik tofu (sojawrongel) in plaas van hoender. Dit het min geur, maar absorbeer ander geure, daarom is dit ideaal vir roerbraai. Sny 250 g tofu in blokkies en volg die resep hierbo vanaf stap 1.

PLUIMVEE

HOENDER-JAMBALAYA

Dié variasie op 'n Kreoolse gereg is geurig, kleurryk en effens pikant, en word net met 'n groenslaai voorgesit.

3 e kookolie
6 hoenderdye, vel verwyder
4 hoenderboudjies
1 chorizo-wors, in skywe gesny
1 groot ui, gekap
1–2 rooi brandrissies, ontpit en in skywe gesny
1 rooi en 1 groen soetrissie, ontpit en gekap
1 groot geelwortel, in wieletjies gesny
2 groot knoffelhuisies, fyngedruk
400 g rys
500 ml hoenderaftreksel
120 ml droë witwyn
1 t droë basiliekruid, of
 1 e gekapte vars basiliekruid
1 t droë origanum, of
 1 e gekapte vars origanum
5 t gekapte vars pietersielie
1 blik (400 g) geskilde tamaties, in skywe gesny en sap behou
1 t suiker
1 t brandrissiepoeier
paar druppels Tabasco-sous
sout en varsgemaalde swartpeper

1 Verhit kookolie in 'n groot swaarboomkastrol met 'n deksel. Verbruin hoender en chorizo-wors. Verwyder met 'n gleuflepel en hou eenkant.

2 Braai die ui in 'n kastrol tot dit sag is en verkleur. Voeg brandrissies, soetrissies, wortel en knoffel by. Soteer tot sag.

3 Voeg rys by en roerbraai tot goed met kookolie bedek.

4 Roer die hoenderaftreksel, witwyn, kruie, die tamaties met hul sap en die suiker by.

5 Plaas die hoender en wors terug in die kastrol. Voeg die brandrissiepoeier en Tabasco-sous by. Verhit tot kookpunt, bedek en laat prut 25 minute tot die rys sag en die vloeistof geabsorbeer is.

6 Wees versigtig dat die hoender nie onder vasbrand nie, maar moenie roer nie, want dit word maklik 'n pappery. Geur soos nodig en sit voor met 'n groenslaai.
LEWER 6 PORSIES.

WENKE

◆ Chorizo, 'n geurige wors uit die Mediterreense gebied, is te kry by delikatessewinkels. As dit onverkrygbaar is, gebruik enige ander pikante wors.

◆ Brandrissies se pitte is baie skerp en moet saam met die tussenvliese verwyder word voor die rissies gaargemaak word.

◆ Brandrissies moet versigtig hanteer word, want hulle kan jou oë of vel brand as hulle daarmee in aanraking kom. Was jou hande en alle oppervlakke nadat jy brandrissies hanteer het. Moenie aan jou gesig raak nie en dra rubberhandskoene as jy enigsins kan.

◆ Hoe langer brandrissies kook, hoe skerper smaak hulle.

◆ Om brandrissies minder skerp te laat smaak, week hulle 1 uur lank in 'n mengsel van 3 dele matige asyn op 1 deel sout.

◆ Kies rooi of groen soetrissies sonder letsels en met 'n helder kleur. Hulle moet ferm wees, nie verrimpel nie. Die tussenvliese van die soetrissies moet saam met die pitte verwyder word.

COQ AU VIN

Coq au vin is 'n klassieke Franse gereg. Onthou, hoe beter die wyn, hoe beter die smaak van die gereg.

5 t botter
1 e olyfolie
200 g swoerdlose streepspekvleis
1 groot hoender, in stukke gesny
2 e brandewyn
12 piekeluitjies
4 stingels sopseldery, gesny
300 g knopiesampioene
1 knoffelhuisie, fyngedruk
1 groot bouquet garni
  (pietersielie, tiemie, selderyblare en 'n lourierblaar)
sout en varsgemaalde swartpeper
750 ml goeie rooiwyn
5 t botter
5 t meelblom

1 Verhit 5 teelepels botter en 1 eetlepel olyfolie in 'n groot oondskottel met 'n deksel. Voeg spekvleis by en braai bros. Skep uit met 'n gleuflepel en hou eenkant.

2 Braai hoender bruin in olie. Breek spekvleis in stukkies en plaas terug in die oondskottel. Voeg warm brandewyn by en steek dit aan die brand. Skud die bak tot die vlamme dood is en haal dan die hoender uit die oondskottel.

3 Voeg uie, seldery, sampioene en knoffel by. Roerbraai sowat 3–5 minute. Voeg bouquet garni en geurmiddels by.

4 Plaas die hoender terug in die oondskottel en voeg die wyn by. Bedek en bak 1 uur teen 180 °C (350 °F).

5 Meng 5 teelepels botter met meelblom tot 'n gladde pasta (dit vorm die *beurre manié*, oftewel gekniede botter, wat aan die einde van die kookproses bygevoeg word om die gereg te verdik). Verwyder die deksel en haal bouquet garni uit. Voeg beurre manié by en roer op die stoof deur. Sit voor saam met opgekookte aartappels.
LEWER 4–6 PORSIES.

WENKE

◆ 'n Bouquet garni word gebruik om stowegeregte, aftreksel en sop te geur: kruie word met 'n lang tou in 'n moeseliensakkie of bossie vasgebind sodat dit voor ete maklik verwyder kan word.

◆ Pluimvee is veral vatbaar vir salmonella-besmetting wat voedselvergiftiging veroorsaak. Tref hierdie voorsorgmaatreëls:
– Hou die pluimvee koud genoeg wanneer dit gebêre word.
– Hanteer pluimvee met skoon hande en was jou hande nadat jy pluimvee hanteer het.
– Ontdooi bevrore pluimvee heeltemal voordat dit gaargemaak word.
– Vul pluimvee net voordat dit gebraai word, in plaas van lank voordat dit gaargemaak word.

◆ 'n Groot hoender behoort in sowat 10 porsies gesny te word: gebruik 'n skerp mes of skerp kombuismes. Sny die bene van die lyf af en halveer dit by die kniegewrig, sny die vlerke van die lyf, sny oor die ribbekas om die bors van die agterste deel van die lyf los te sny, halveer die bors dan oorlangs deur die borsbeen en halveer die agterste deel deur die rug deur te sny.

PLUIMVEE

83

HOENDERPASTEI MET 'N HOËVESELKORS

'n Tradisionele gunsteling met 'n hoëveselkors. Gebruik dié veelsydige, gesonde kors vir enige soutige gereg, of voeg 1–2 eetlepels strooisuiker by om dit in 'n soet deeg te omskep.

VULSEL
1 × 1,5 kg-hoender
water
1 ui waarin 3 kruienaeltjies gesteek is
1 geelwortel, in wieletjies gesny
1 stingel sopseldery, in skywe gesny en blare behou
1 lourierblaar
1 e gekapte vars dragon, of 1 t droë dragon
4 e botter
6 preie, slegs die wit gedeelte, in ringe gesny
1 knoffelhuisie, fyngedruk
250 g knopiesampioene, in skywe gesny
4 e koekmeelblom
375 ml hoenderaftreksel wat behou is
1 e sago
100 ml dun room
2 e halfdroë sjerrie
½ t fyn neutmuskaat
1 t sout
varsgemaalde swartpeper

HOËVESELKORS
100 g koekmeelblom
1 t sout
1 t bakpoeier
100 g volgraanmeel
25 g spysverteringsemels
100 g botter, in blokkies gesny
1 eiergeel
ongeveer 2–3 e koue water
1 eier, geklits, om die deeg te bestryk
1 e sesamsaad om oor die deeg te strooi (opsioneel)

1 Plaas hoender in 'n groot kastrol en voeg genoeg water by om dit te bedek. Voeg ui, wortel, seldery, lourierblaar en dragon by en prut 45–60 minute, of tot hoender sag is.

2 Haal die hoender uit die aftreksel en laat afkoel tot dit hanteer kan word. Verwyder die vel en bene en hou die vleis eenkant. Sit die bene terug in die aftreksel en kook die aftreksel met die helfte af tot dit ryk en geurig is.

3 Smelt die botter in 'n kastrol. Voeg preie by, braai tot sag en voeg knoffel by. Voeg sampioene by en braai tot sag. Voeg meelblom by en roer om 'n roux te maak.

4 Voeg die aftreksel wat behou is by en roer voortdurend tot die sous glad en verdik is. Voeg sago, room, sjerrie, neutmuskaat en sout en peper by.

5 Opsionele bestanddele soos 125 g hamblokkies, pitmielies of ertjies kan nou bygevoeg word. Giet die hoendermengsel in 'n pasteibak van 28 × 18 × 4 cm. Plaas 'n porselein-eierkelkie onderstebo in die middel van die hoendermengsel om die deeg te stut en te voorkom dat die kors platval.

6 Om die deeg te maak, sif die meelblom, sout en bakpoeier saam in 'n mengbak. Voeg die volgraanmeel en semels by en meng. Vryf die botter met jou vingerpunte in. Meng die eiergeel en water, voeg die helfte by die meelblom-bottermengsel en sny dit met 'n rondepuntmes in – voeg nog vloeistof by indien nodig. Druk die deeg saam en plaas op 'n meelbestrooide oppervlak.

7 Rol deeg uit om 'n reghoek, effens groter as die pasteibak te vorm. Maak die rande van die bak nat. Rol deeg op oor 'n koekroller, plaas oor vulsel in bak en druk rande vas. Gebruik 'n skerp mes en sny 'n spleet in die deeg sodat stoom kan ontsnap. Sny dekoratiewe blare uit die orige deeg en druk dit op die pastei vas. Bestryk die deeg met geklitste eier en strooi sesamsaad oor.

8 Plaas die pasteibak op 'n bakplaat. Bak 20–30 minute, tot goudbruin, teen 200 °C (400 °F). Sit voor saam met slaai.
LEWER 4–6 PORSIES.

SMAAKLIKE MAALVLEISROL

Maalvleis is 'n staatmaker wat vinnig en ekonomies omskep kan word in 'n verskeidenheid geregte, soos hierdie vleisrol met 'n verrassende kaasvulsel.

1 groot ui, fyngekap
5 t kookolie
1 groot knoffelhuisie, fyngedruk
1 kg maer beesmaalvleis
2 e fyngekapte vars pietersielie
2 t sout
2 eiers, lig geklits
sny bruinbrood, 4 cm dik, korsies afgesny en gerasper
1 t droë gemengde kruie, of
   1 e fyngekapte vars kruie
2 t sojasous
150 g gerasperde Cheddar-kaas

ROOISOETRISSIESOUS
2 rooi soetrissies, ontpit en in blokkies gesny
1 klein ui, fyngekap
5 t kookolie
1 knoffelhuisie, fyngedruk
1 e tamatiepasta
450 ml hoenderaftreksel
4 e witwyn
sout en varsgemaalde swartpeper
1 t suiker

1 Braai ui in olie tot sag en goudbruin. Voeg knoffel by en braai nog 1 minuut. Hou eenkant.

2 Meng maalvleis, pietersielie, sout, eiers, broodkrummels, kruie en sojasous.

3 Plaas 'n stuk kleefplastiek van sowat 50 cm lank op 'n plat oppervlak. Smeer maalvleismengsel op die kleefplastiek in 'n reghoek van ongeveer 30 × 40 cm. Die laag maalvleis moenie te dun wees nie. Druk nou die vleis egalig met jou hand plat en maak seker dat die rande netjies is.

4 Smeer 'n laag afgekoelde uie-en-knoffelmengsel oor die vleis. Strooi gerasperde kaas oor.

5 Lig die kleefplastiek aan die langste kant op en rol die maalvleis soos 'n Switserse rolkoek op. Gebruik twee spatels om die maalvleisrol in 'n oondskottel te plaas. Bak 45–60 minute teen 160 °C (325 °F).

6 Om die Rooisoetrissiesous te maak, braai die soetrissies en ui in olie. Voeg die knoffel by en braai nog 'n minuut. Voeg die tamatiepasta, aftreksel, wyn, geurmiddels en suiker by. Prut 15–30 minute tot soetrissies sag is.

7 Laat effens afkoel, plaas die mengsel in 'n versapper en verwerk tot glad, of verpulp deur mengsel met 'n houtlepel deur 'n sif te vryf. Sit maalvleisrol voor saam met pasta van jou keuse, 'n verskeidenheid vars groente en stomende warm Rooisoetrissiesous. LEWER 4–6 PORSIES.

WENK

♦ Vervang die Cheddar-kaas met mozzarella, indien verkies, en braai 300 g knopiesampioene in stap 1 saam met die uie en knoffel, hetsy as plaasvervanger vir die kaas of as smaaklike toevoeging tot die vulsel.

VLEIS

STAP VIR STAP KOOKBOEK

VLEIS

TAMALE-PASTEI

Hierdie sterk, geurige Mexikaanse gereg, gebaseer op die oorspronklike tamale, is uitstekend vir 'n buffet-ete.

1 groot ui, gekap
2 e kookolie
1 rooi en 1 groen soetrissie, ontpit en in blokkies gesny
1 kg maer beesmaalvleis
250 ml tamatiepuree
1 blik (410 g) heelpitmielies
100 g gevulde olywe, in skyfies gesny
1 e fyn komyn
1 e kakao*
1 e fyn wonderpeper
3–4 t brandrissiepoeier, of na smaak
4 t worcestersous
1 t Tabasco-sous

BOLAAG
125 g koekmeelblom
125 g polenta of geel mieliemeel
2 e strooisuiker
2 t bakpoeier
3 e botter, gesmelt
200 ml melk
1 groot eier, geklits
50 g Cheddar-kaas, gerasper
2 e rooi brandrissies, ontpit en fyngekap

1 Gebruik 'n groot vuurvaste oondskottel en soteer ui in olie tot sag en goudbruin. Voeg soetrissies by en soteer tot sag.

2 Voeg die maalvleis by en braai bruin. Voeg die res van die bestanddele by en prut 10 minute terwyl dit nou en dan geroer word. As daar tyd is, bedek en laat oornag in die yskas sodat die geure kan ontwikkel en vermeng.

3 Om die bolaag te maak, meng die meelblom, polenta of mieliemeel, suiker en bakpoeier in 'n mengbak.

4 Meng die botter, melk en eier en voeg dit by meelmengsel. Meng tot 'n stywe deeg en roer dan die kaas en brandrissies in.

5 Skep lepelsvol van die beslag, wat uiteindelik die kluitjies sal vorm, teen mekaar om die rand van die bakskottel. Bak ongeveer 10 minute teen 200 °C (400 °F), verlaag die hitte tot 180 °C (350 °F) en bak nog 30 minute.
LEWER 6 PORSIES.

WENKE

* Kakao gee die pastei 'n interessante geur en 'n pragtige donkerbruin kleur.

◆ Kaas kan gerasper en tot 'n maand lank in 'n lugdigte houer bevries word. Moet dit nie voor gebruik ontdooi nie.

BIEF WELLINGTON

Hierdie beroemde resep kom van die Wellington Club, een van die oudste en mees eksklusiewe klubs in Londen wat hom toespits op tradisionele Engelse kos.

1 kg beesfilet
5 t botter
250 g sampioene
1 klein ui, geskil
75 g fyn hoenderlewerpatee
2 e vars witbroodkrummels
1 takkie vars tiemie, gekap
sout en varsgemaalde
  swartpeper
500 g verkilde blaardeeg
1 eiergeel vir glaseersel

SJERRIESOUS
5 t botter
4 e meelblom
375 ml goeie beesvleisaftreksel
2 t tamatiepasta
4 e halfdroë sjerrie

1 Verwyder enige vet van die filet. Voorverhit die oond tot 220 °C (425 °F). Verhit botter in 'n oondbraaipan en braai filet reg rondom bruin. Bak 5 minute as jy die vleis halfrou verkies, 10 minute vir halfgaar en 15 minute vir goed gaar. Verwyder en laat afkoel.

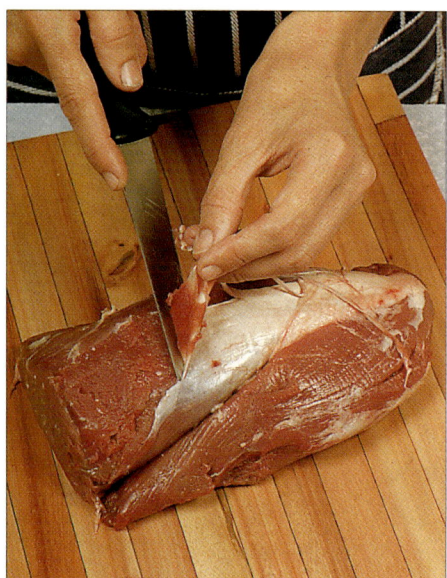

2 Verwerk die sampioene en ui in 'n voedselverwerker, plaas dit in die oondbraaipan en braai ongeveer 5 minute in vleissappe. Roer die hoenderpatee in en laat afkoel. Roer die broodkrummels, tiemie en geurmiddels in.

3 Rol die blaardeeg uit op 'n oppervlak wat lig met meel bestrooi is en sny dit met 'n skerp mes in 'n reghoek van 40 × 45 cm. Skep 'n bietjie van die sampioen-en-uiemengsel in die middel van die deeg af. Plaas die filet daarop. Skep die res van die sampioen-en-uiemengsel oor die boonste deel en sykante van die filet.

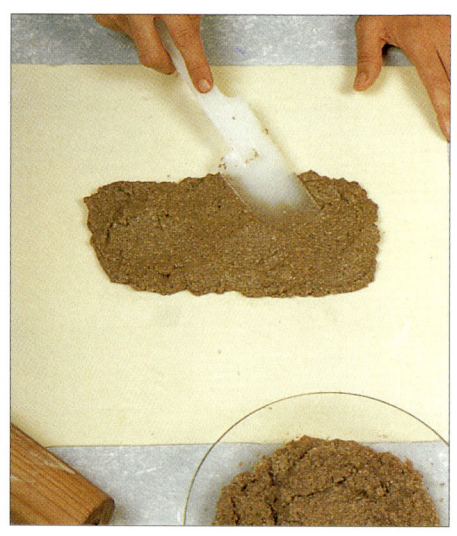

4 Bestryk die rande van die deeg met geklitste eiergeel en vou die deeg soos 'n pakkie toe oor die filet. Druk rande vas om dit goed te verseël. Sny oortollige deeg af.

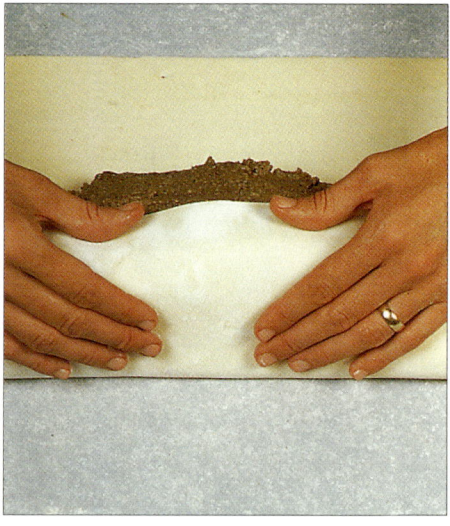

5 Plaas die Bief Wellington met die lasplek in die deeg na onder op 'n lig gesmeerde bakplaat. Bestryk bo-op met eiergeel.

6 Garneer met deegversiering: Sny lang stroke deeg met 'n deegwieletjie en rangskik dit bo-op. Maak blare deur deeg in driehoeke te sny en met 'n skerp mes strepe daarop te sny. Bestryk die versierings met eiergeel.

7 Bak 30–35 minute teen 200 °C (400 °F). Bedek met aluminiumfoelie as dit te gou verbruin.

8 Om die sous te maak, smelt die botter in 'n kastrol en roer die meelblom met 'n houtlepel by om 'n roux te vorm. Braai liggies vir 5 minute tot goudbruin om die sous 'n goeie kleur te gee. Voeg aftreksel, tamatiepasta en sjerrie geleidelik by. Verhit tot kookpunt, kook effens af en geur met sout en swartpeper. Sit die sous saam met Bief Wellington voor.
LEWER 6 PORSIES.

VLEIS

STAP VIR STAP KOOKBOEK

VLEIS

TOURNEDOS CHASSEUR

'n Volmaakte gereg vir wanneer 'n mens jouself die slag so 'n bietjie wil bederf. Tournedos is die Franse naam vir 'n klein, dik steak wat uit die middelste gedeelte van 'n filet gesny word, en dit word gewoonlik voorgesit op 'n gebraaide broodcroûte met 'n geurige sous daaroor – my keuse is 'n ryk sampioensous.

5 t kookolie
3 e botter
4 snye witbrood, korsies afgesny
4 tournedos, 2–3 cm dik
sout en varsgemaalde swartpeper
3 e gekapte vars pietersielie

CHASSEURSOUS
5 t botter
1 klein ui, fyngekap
125 g knopiesampioene,
   in skywe gesny
120 ml droë witwyn
50 ml tamatiepuree
150 ml beesvleisaftreksel
4 e dun room
1 e brandewyn

1 Maak eers die sous. Verhit botter en soteer ui. Verhoog die hitte, voeg sampioene by en braai 3–4 minute tot sag.

2 Voeg wyn, tamatiepuree en aftreksel by en kook die helfte af. Voeg room en brandewyn by, maak deurwarm en hou eenkant om saam met tournedos voor te sit.

3 Om tournedos voor te berei, verhit olie en botter in 'n groot kastrol en braai brood aan albei kante goudbruin. Hou hierdie gebraaide brood-croûte warm.

4 Verhoog hitte, voeg nog botter by indien nodig, en braai elke tournedo 2 minute aan elke kant oor hoë hitte (of langer as jy die vleis goed gaar verkies). Geur met sout en swartpeper.

5 Plaas die gaar vleis op die gebraaide brood, giet die voorbereide sous oor en strooi heelwat gekapte pietersielie bo-oor vir garnering. Sit die tournedos dadelik voor.
LEWER 4 PORSIES.

WENKE

◆ Dié gereg is ryk – sit dit voor met slaai en opgekookte groente.

◆ Die tournedos kan gerooster in plaas van gebraai word.

◆ Skil uie onder koue, lopende water om te voorkom dat die skerp reuk jou oë laat traan.

BIEFSTUK-EN-NIERTJIEPASTEI

750 g stowebeesvleis, blokkies gesny
8 skaapniertjies, blokkies gesny
340 ml bier
60 g koekmeelblom
sout en varsgemaalde swartpeper
2 e botter
2 e kookolie
2 uie, fyngekap
250 ml beesvleisaftreksel
300 g sampioene, in skywe gesny
2 e gekapte vars pietersielie
2 aartappels, in blokkies gesny
350 g blaardeeg
1 eier, geklits

1 Meng die beesvleis en niertjies in 'n bak. Giet die bier oor, bedek en laat marineer ongeveer 2–4 uur in die yskas.

2 Giet die bier af en behou. Meng die meelblom en die geurmiddels en rol die beesvleis en niertjies daarin.

3 Verhit die botter en olie. Braai die ui tot sag. Verbruin die beesvleis en niertjies vinnig. Voeg die behoue bier, beesvleisaftreksel, sampioene en pietersielie by.

4 Bedek en laat prut 1½ uur op die stoof. Voeg die aartappels na 1 uur by. Voeg meer aftreksel by indien nodig. Giet die mengsel in 'n oondvaste pasteibak.

5 Rol deeg uit en sny 'n bolaag wat oor die pasteibak pas. Maak rande van bak nat en plaas bolaag oor bak. Druk die rande vas.

6 Bestryk die deegbolaag met geklitste eier. Bak ongeveer 15–20 minute teen 200 °C (400 °F), tot mooi goudbruin.

LEWER 4–6 PORSIES.

WENKE

◆ Hierdie gereg vries baie goed.

◆ Kies skaapniertjies wat donkerpienk of beige is, nie rooi nie. Vermy dié wat na ammoniak ruik.

◆ As skaapniertjies nie beskikbaar is nie, gebruik beesniertjies.

◆ As jy nie die vleis in bier wil marineer nie, slaan stap 1 oor, meng die beesvleis en niertjies en rol dit in die meelblom, soos in stap 2. Vervang die bier in stap 3 met 'n gelyke hoeveelheid ekstra beesvleisaftreksel.

◆ Blaardeeg word gemaak met gelyke hoeveelhede meelblom en smeer en is dus taamlik ryk. Dit is ideaal vir pasteie, want dit het 'n goeie tekstuur en verskeie lae as dit gebak is. Die stoom wat opbou terwyl die pastei bak, gee die deeg meer volume.

VLEIS

STAP VIR STAP KOOKBOEK

VLEIS

BEESBRAAD MET YORKSHIRE-POEDING

Hierdie Engelse resep sluit die bekende Yorkshire-poeding in wat oorspronklik bedoel was om die hoeveelheid vleis te rek: dit is eerste voorgesit sodat almal daarop versadig kon word voordat die vleis voorgesit is!

1,3–1,5 kg beesbraaistuk (lende-, kruis- of stertstuk)
2 knoffelhuisies, in repies gesny
3 e voorbereide Franse mosterd
sout en varsgemaalde swartpeper

YORKSHIRE-POEDING
125 g koekmeelblom
1 t sout
2 ekstra-groot eiers
300 ml melk

1 Weeg die vleis en bereken braaistuk se gaarmaaktyd daarvolgens: bak 20 minute per 450 g plus nog 20 minute vir halfrou, 25 minute per 450 g plus 25 minute vir halfgaar, en 30 minute per 450 g plus 30 minute vir goed gaar. Voorverhit intussen die oond tot 160 °C (325 °F).

2 Maak oral oor die vleis insnydings en druk dun skyfies knoffel daarin. Smeer mosterd oor die vleis en geur dit met sout en swartpeper.

3 Plaas die braaistuk met die vetkant na bo op 'n staander, en plaas die staander op 'n rak reg bo 'n bak van ongeveer 18 cm vierkant wat vir die Yorkshire-poeding gebruik gaan word. Die vleissappe vorm die druipvet vir die Yorkshire-poeding.*

4 Braai die vleis. Draai dit twee keer tydens die gaarmaaktyd om en eindig met die vetkant bo.

5 Om die Yorkshire-poeding te maak, sif die meelblom en sout saam in 'n bak. Klits die eiers en melk liggies saam.

6 Maak 'n holte in die middel van die meelblom en giet dan die eier-en-melkmengsel daarin. Klop deeglik tot glad. Bedek en verkil 30 minute.

7 Haal die beslag ongeveer 40 minute voor die beesvleis gaar is uit die yskas en klop dit weer. Verhoog intussen die oond se temperatuur tot 200 °C (400 °F) en skuif die vleis hoër, na die koelste deel van die oond. Giet die beslag vir die Yorkshire-poeding in die bak met druipvet en bak dit 30–40 minute.** Sit die gebraaide beesvleis en Yorkshire-poeding voor saam met groente en vleissous (om die sous te maak, raadpleeg die kassie in die volgende kolom).
LEWER 4–6 PORSIES.

WENKE

◆ Om 'n heerlike vleissous te maak, braai die beesvleis in 'n oondbraaipan en gebruik die druipvet as basis vir die sous: Haal die vleis uit die braaipan sodra dit gaar is. Strooi 1 eetlepel meelblom in die braaipan en roer aanhoudend met 'n houtlepel sodat dit verbruin sonder om te brand. Voeg 250 ml aftreksel by (die vloeistof wat oorbly nadat die groente gekook is, maak 'n goeie aftreksel), kook af en verdik. As jy wil, kan jy 'n wynglas rooi- of witwyn of room byvoeg om die sous ryker te maak. Giet deur 'n sif om voor te sit.

* As jy druipvet gebruik vir die sous, moet jy die Yorkshire-poeding op 'n ander manier gaarmaak: Verhit 3 eetlepels kookolie in 'n oondvaste bak van 18 cm vierkant tot baie warm. Giet dan die beslag in die bak. Bak die laaste 30–40 minute saam met die beesvleis in die oond teen 200 °C (400 °F).

** Individuele Yorkshire-poedings kan in 'n kolwyntjiepan gebak word: verhit 2 teelepels kookolie in elke holte, giet die beslag daarin en bak 15–20 minute, tot die Yorkshire-poeding goed gerys het en goudbruin is.

STAP VIR STAP KOOKBOEK

GESMOORDE LAMSKENKELS

Smoorvleis word gewoonlik saam met groente in 'n klein hoeveelheid wyn of aftreksel in 'n oondskottel met 'n digpassende deksel gaargemaak. Lamskenkels is smaaklik en sappig, maar bestel dit vroegtydig by jou slagter, want dit is nie altyd geredelik beskikbaar nie.

6 lamskenkels
sout en varsgemaalde swartpeper
2 e kookolie
4 knoffelhuisies, fyngedruk
4 jonguie, gekap
1 ui, gekap
1 geelwortel, in blokkies gesny
1 prei, in blokkies gesny
1 raap, in blokkies gesny
1 tamatie, geskil, ontpit en gekap
1 e tamatiepasta
120 ml witwyn
2 takkies tiemie en roosmaryn
1 lourierblaar
1 liter beesvleisaftreksel

1 Geur die lamskenkels met sout en peper. Verhit die olie in 'n vuurvaste oondskottel en verbruin die helfte van die skenkels op 'n slag reg rondom. Haal die vleis uit die oondskottel en hou eenkant.

2 Plaas die knoffel en al die groente gelyktydig in die oondskottel en roerbraai dit sowat 3 minute. Bedek en laat die groente 5 minute sweet.

3 Voeg tamatiepasta by en roer dit deur. Voeg wyn by en roer om aanbrandsels op te los.

4 Plaas nou die skenkels terug in die oondskottel en voeg die tiemie, roosmaryn, lourierblaar en aftreksel by. Bedek en bak 2–3 uur teen 160 °C (325 °F).

5 Wanneer dit gaar is, sal die vleis van die been lostrek. Verwyder die gaar skenkels uit die oondskottel, bedek en laat dit in die louoond rus.

6 Plaas die oondskottel op die stoofplaat, haal die deksel af en kook die sous af tot verdik.

7 Jy kan die vleissous in 'n souspotjie voorsit, of dit in die opdienbord giet en die lamskenkels bo-op skep. Sit dit voor saam met opgekookte jong aartappels, en bereken 1 skenkel per persoon.
LEWER 6 PORSIES.

WENKE

◆ Dring aan op lamsvleis in plaas van skaapvleis, want dit bevat minder vet en is sappiger.

◆ As jy wil, voeg in stap 4 'n handvol geweekte droëvrugte soos appelkose of perskes by.

◆ Om tamaties te skil, bedek hulle 2 minute met kookwater en hou hulle dan onder koue lopende water. Maak aan die stingelkant van die tamatie 'n klein insnyding in die skil en trek die skil na die bokant van die tamatie af. As dit moeilik aftrek, sit die tamatie weer in kookwater en herhaal. Gebruik 'n skerp mes en sny die stingelletsel uit.

VLEIS

VLEIS

BEESSTERTBREDIE

Hoewel beesstert as afval geklassifiseer word, is dit uitstekend vir gebruik in stowe-, smoor- en kasserolgeregte. As dit gestowe word, is dit ryk en geurig, met 'n dik, stewige tekstuur – en net die regte ding vir 'n koue wintersaand.

1 beesstert, in porsies gesny
2 e meelblom, gegeur met
   sout en peper
3 e kookolie
100 g streepspekvleis
1 ui, gekap
2 groot geelwortels,
   in wieletjies gesny
2 e tamatiepasta
250 ml beesvleisaftreksel
250 ml rooiwyn
bouquet garni (1 lourierblaar,
   4 peperkorrels, 4 takkies pietersielie
   en 4 kruienaeltjies toegebind in
   'n moeseliensakkie)
repie suurlemoenskil
repie lemoenskil
1 e suurlemoensap
12 klein piekeluitjies
gekapte vars pietersielie vir garnering

1 Rol beesstert in gegeurde meelblom. Verhit olie in 'n groot vuurvaste oondskottel. Verbruin vleis reg rondom, haal uit oondskottel en hou eenkant.

2 Plaas spekvleis in oondskottel en braai bros. Breek in klein stukkies en hou eenkant. Plaas ui en wortels in oondskottel en braai tot die ui sag en goudbruin is.

3 Plaas tamatiepasta, beesstert en spekvleis in oondskottel. Voeg aftreksel, wyn, bouquet garni, sitrusskil en suurlemoensap by. Prut 2–3 uur stadig op die stoof of in die oond teen 170 °C (325 °F). Roer nou en dan.

4 Voeg die piekeluitjies na 1½ uur by.

5 Verwyder die bouquet garni en sitrusskil. Garneer met gekapte pietersielie. Sit voor saam met romerige Kapokaartappels (kyk bladsy 125) en groen groente wat lig gestoom is.
LEWER 4 PORSIES.

WENKE

◆ Jong aartappels kan saam met die piekeluitjies bygevoeg word.

◆ Koop beesstert wat klaar opgesny is, want dit is moeilik om dit self te doen.

◆ Verwyder al die vet voor jy die beesstert gaarmaak, anders sal die bredie taamlik vetterig wees.

◆ Beesstertbredie is op sy lekkerste as dit die vorige dag gemaak en oornag in die yskas gelaat word. Skep die vet wat bo-op gevorm het, af voor jy dit herverhit.

◆ Beesstertbredie vries goed.

RIBBETJIE MET 'N TAAI SOUS

Ongetwyfeld 'n vingerlek-maaltyd. Bereken sowat 350–500 g vars of gerookte ribbetjie per persoon.

ongeveer 2 kg vark- of
   skaapribbetjie
3 e kookolie
gerasperde skil van 1 lemoen
120 ml vars lemoensap
75 ml sojasous
3 e tamatiesous
100 ml vrugteblatjang
100 ml helder heuning
4 e fyn appelkooskonfyt
1 e voorbereide Franse mosterd
2 e worcestersous
1 t fyn gemmer
varsgemaalde swartpeper

1 Gebruik 'n skerp mes en sny die ribbetjie in porsies. Plaas die porsies in 'n groot skottel en hou eenkant. Plaas die orige bestanddele in 'n kastrol oor lae hitte. Roer tot die mengsel glad en goed gemeng is. Laat afkoel.

2 Skep nou die afgekoelde marinade oor die ribbetjies, bedek en laat die vleis minstens 6 uur of verkieslik oornag in die yskas marineer.

3 Haal ribbetjies uit en behou die marinade. Rooster die ribbetjies onder 'n warm element of oor warm kole. Bedruip dikwels met marinade. Rooster gerookte ribbetjies 5 minute en ongerookte ribbetjies 10 minute aan elke kant.

4 Die orige marinade kan in 'n kastrol geplaas en geprut word tot dit afgekook en verdik het. Sit die sous apart voor.

5 Rangskik die ribbetjies op voorverhitte borde. Sit voor saam met gebakte aartappels of aartappelskyfies, asook vinger-bakkies en baie papierservette.
LEWER 4 PORSIES.

WENKE

◆ Die lemoensap kan met enige ander sap vervang word.

◆ Baie slagters sny die ribbetjies uit die borsgedeelte, maar koop eerder egte varkribbetjie wat uit die driehoekige ribgedeelte onderaan die pens gesny is.

VLEIS

STAP VIR STAP KOOKBOEK

GEBRAAIDE VARKVLEIS MET KERSIESOUS

Varkvleis neig om droog te wees. Kies 'n snit met 'n goeie laag swoerd en 'n bietjie vet – 'n lendestuk, rib aan die been of boud is geskik vir oondbraai.

1,5 kg varkvleis
'n klein bietjie kookolie
sout

KERSIESOUS
175 g ingemaakte, ontpitte rooi kersies met sous
3 e gouestroop
2 e wynasyn
sout en varsgemaalde swartpeper
knippie neutmuskaat
knippie kaneel
knippie gemaalde kruienaeltjies
2 t mielieblom opgelos in 1 e water

1. Maak met 'n skerp mes diep insnydings in die swoerd.

2. Vir bros, goudbruin krakeling, smeer die swoerd in met olie en daarna met sout.

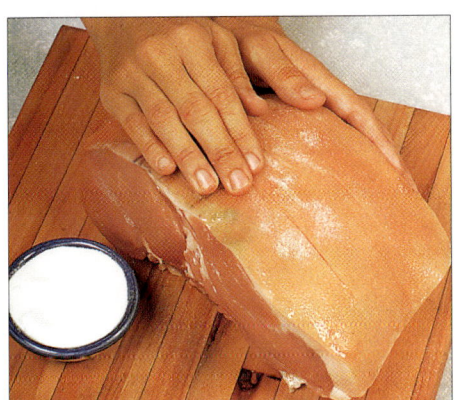

3. Bereken die gaarmaaktyd: varkvleis moet 25 minute per 450 g, plus nog 30 minute, teen 160 °C (325 °F) gebraai word. In teenstelling met beesvleis, word varkvleis nooit halfrou bedien nie. 'n Braaistuk van 1,5 kg moet dus 1¾ uur lank gebraai word.

4. Braai met die swoerd na bo en moenie dit bedruip nie, want dit sal voorkom dat die swoerd 'n perfekte bros krakeling vorm. Bedek die vleis wanneer gaar en laat dit 15 minute in die louoond rus voor dit voorgesny word.

5. Maak intussen die Kersiesous deur al die bestanddele behalwe die opgeloste mielieblom in 'n kastrol te plaas. Verhit tot kookpunt en kook 10 minute, tot die sous stomend warm is. Voeg mielieblom by en verdik sous terwyl dit voortdurend geroer word. As jy 'n gladde sous verkies, plaas al die bestanddele in 'n voedselverwerker of versapper en verwerk tot glad. Verhit die sous weer en sit stomend warm saam met die gebraaide varkvleis voor.
LEWER 4–6 PORSIES.

WENKE

◆ Om tradisionele Appelsous in plaas van Kersiesous te maak, ontkern, skil en sny 4 Granny Smith-appels in skywe. Plaas die appels in 'n kastrol saam met 100 ml water, 2 teelepels suurlemoensap, 2–3 eetlepels suiker en 'n klont botter. Bedek en kook tot baie sag. Verwyder van hitte en druk fyn met 'n vurk, of verwerk in 'n versapper of voedselverwerker tot glad.

◆ Moenie varkvleis langer as 3–4 dae in die yskas hou nie.

KOUE GEPERSTE TONG MET OLYWE

Ek hou baie van die fluweelagtige tekstuur van tong, 'n vleissoort wat dikwels oor die hoof gesien word. Bees-, kalf- en skaaptong is te kry – beestong is die grootste en ook meer geredelik beskikbaar.

1 pekeltong, ongeveer 1,5 kg
water om te bedek
2 geelwortels, in wieletjies gesny
1 ui, in kwarte gesny
3 stingels sopseldery
vars pietersielie
1 lourierblaar
50 g gevulde olywe
1 t gelatien
175 ml aftreksel wat behou is

1 Was pekel van tong af en plaas dit in 'n drukkoker. Bedek tong net-net met koue water. Voeg wortels, ui, seldery, pietersielie en lourierblaar by.

2 Kook die tong 75 minute op vol stoom in 'n drukkoker. As jy nie 'n drukkoker het nie, gebruik 'n groot kastrol op 'n stoofplaat en kook die tong ongeveer 3 uur, of tot dit sag voel wanneer dit met 'n vurk gesteek word.

3 Behou 175 ml van die aftreksel in die drukpot. Laat die tong heeltemal koud word en verwyder dan die taai buitenste vel. As die vel nie maklik aftrek nie, moet dit nog langer gekook word.

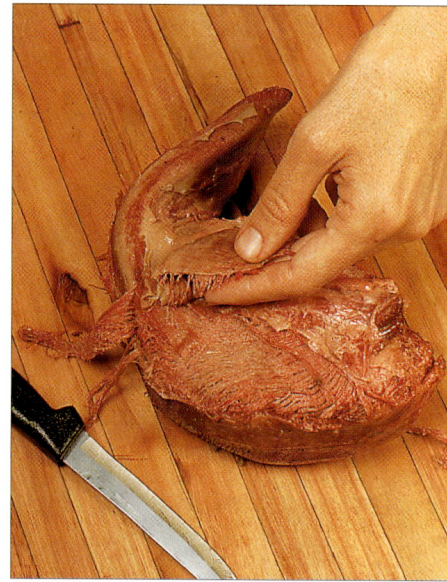

4 Druk die tong in 'n bak of koekblik met regaf kante. Die tong moet baie styf daarin pas om goed gepers te word. Gebruik die punt van 'n skerp mes en maak insnydings in die tong. Plaas die olywe daarin.

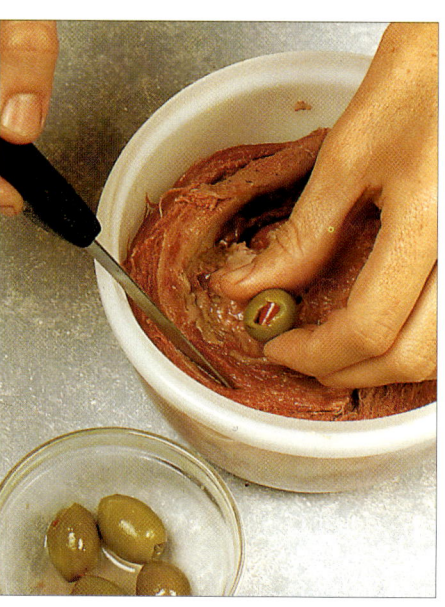

5 Strooi gelatien oor behoue aftreksel. Verhit stadig sodat die gelatien kan oplos.

6 Giet die gelatienmengsel oor die tong. Druk die tong goed vas in die houer en verkil minstens 12 uur voor dit voorgesit word. Dit is 'n goeie plan om iets swaar bo-op te sit. Sit dun skywe tong saam met 'n verskeidenheid slaaie voor.
LEWER 4–6 PORSIES.

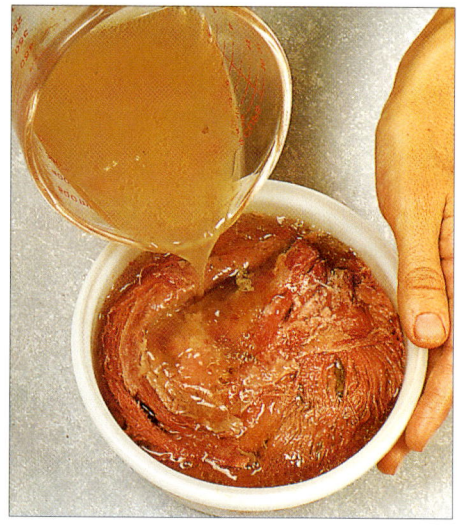

WENK

◆ Tong kan met sukses met 'n broodsnyer gesny word, en as dit eers baie goed verkil is, kan dit baie dun gesny word.

VLEIS

WILDBREDIE

Wildsvleis is gewild, met 'n geur wat wissel van matig tot skerp, afhangend of die vleis gehang is of nie. Die voordeel van hierdie rooivleis is die feit dat dit baie min cholesterol bevat.

250 g spek, in blokkies gesny
2 kg wildsvleis, in blokkies gesny (enige snit wat lank en stadig gaargemaak moet word, kan gebruik word)
2 e kookolie
2 uie, gekap
2 knoffelhuisies, fyngedruk
2 geelwortels, in wieletjies gesny
2 stingels sopseldery, in skywe gesny
1 e meelblom
750 ml vleisaftreksel of rooiwyn
1 e bruin asyn
5 kruienaeltjies
1 t fyn koljander
5 peperkorrels
2 lourierblare

KLUITJIES MET KARWEISAAD
125 g koekmeelblom
1 t bakpoeier
1 e botter
1 groot eier, geklits saam met 3 e melk
2 t karweisaad
sout en varsgemaalde swartpeper

1 Voorverhit 'n groot vuurvaste oondskottel en braai die spek effens uit. Voeg die vleis by en verbruin oor hoë hitte. Verwyder die vleis en spek met 'n gleuflepel en hou eenkant.

2 Braai uie in die oondskottel tot sag en effens goudkleurig. Voeg knoffel, wortels en seldery by. Bedek die oondskottel en laat die groente 3 minute sweet.

3 Plaas die vleis en spek terug in die oondskottel, strooi die meelblom daaroor en roer deur. Voeg aftreksel of wyn en asyn by, gevolg deur die orige bestanddele. Bedek en laat prut stadig tot sag. Dit neem gewoonlik 1–2 uur, afhangend van hoe oud die vleis is. Moenie wildsvleis te lank gaarmaak nie, want dit kan baie taai word.

4 Om die kluitjies te maak, sif die meelblom en bakpoeier saam in 'n bak. Vryf die botter met jou vingerpunte in tot die mengsel soos broodkrummels lyk.

5 Voeg die eier-en-melkmengsel by en vou dan die karweisaad en geurmiddels in.

6 Skep lepelsvol beslag in die pruttende bredie 15 minute voor dit gaar is. Bedek weer en laat kook nog 15 minute.
LEWER 6 PORSIES.

WENK

◆ Voeg nog aftreksel by die bredie indien nodig, want 'n taamlike hoeveelheid vloeistof is nodig om die kluitjies gaar te maak. Onthou, 'n mens moet kluitjiebeslag dadelik gebruik – dit moenie staan nie.

STAP VIR STAP KOOKBOEK

TUNA-LASAGNE

3 e kookolie
1 groot ui, fyngekap
1 knoffelhuisie, fyngedruk
250 g knopiesampioene, in
  skywe gesny
2 blikke (185 g elk) tuna,
  gedreineer en gevlok
1 blik (400 g) tamatieroomsop
  (goeie gehalte)
100 ml water
4 e gekapte vars pietersielie
4 e gekapte vars dille
½ t rooipeper

BÉCHAMEL-SOUS
1 klein geelwortel, gekap
½ ui, gekap
1 selderystingel, gekap
2 peperkorrels
600 ml melk
4 e botter
4 e meelblom
1 t droë mosterd
sout en varsgemaalde swartpeper
8 velle spinasielasagne (wat nie
  gekook moet word nie)
4 e vars broodkrummels,
  wit of bruin
1 e Parmesaan-kaas

1 Verhit die olie in 'n groot kastrol en braai die ui. Voeg die fyngedrukte knoffel by en braai vir 1 minuut. Voeg die sampioene by en braai tot hulle verkleur en water getrek het.

2 Voeg die tuna, onverdunde tamatiesop en water by, dan die pietersielie, dille en rooipeper. Laat prut 5 minute. Hou eenkant.

3 Om die Béchamel-sous te maak, plaas die wortel, ui, seldery, peperkorrels en melk in 'n kastrol, verhit tot dit stadig prut en laat 30 minute staan.

4 Smelt die botter en roer die meelblom met 'n houtlepel in om 'n roux te vorm. Verwyder die kastrol van die hitte.

5 Giet die melk deur 'n sif om die groente te verwyder. Voeg die melk by botter en roer. Plaas terug op stoof terwyl dit steeds geroer word. Voeg die mosterd en geurmiddels by. Laat verdik en hou eenkant. Smeer 'n 28 × 18 cm-oondskottel liggies. Giet die helfte van die vismengsel in die skottel. Plaas 4 lasagne-velle oor die vismengsel en giet die helfte van die witsous oor die lasagne-velle. Herhaal, en eindig met die sous.

6 Meng die broodkrummels en Parmesaan-kaas en strooi dit oor die witsous. Bak die lasagne 30 minute teen 180 °C (350 °F), tot mooi goudbruin en borrelend.
LEWER 6 PORSIES.

WENKE

◆ Hierdie gereg vries goed.

◆ Vir 'n variasie, vervang die tuna met fyngedrukte sardyne.

◆ Gebruik gewone lasagnevelle in plaas van spinasielasagne.

◆ Sit voor saam met 'n groenslaai en korserige Franse brood.

PASTA

PASTA

LUUKSE MACARONI-KAAS

Macaroni-kaas het 'n reputasie verwerf as swaar en oninteressant. Hierdie resep omskep dit egter in 'n maaltyd waarna almal sal uitsien.

1 e kookolie
250 g macaroni
1 groot ui, fyngekap
5 t botter
2 groot, ryp tamaties
3 e botter
3 e meelblom
600 ml melk
1 t droë mosterd
knippie rooipeper
sout en varsgemaalde swartpeper
200 g beleë Cheddar-kaas, grof gerasper
125 g gerookte ham, in blokkies gesny, of spekvleis, gebraai en gekrummel
2 e vars broodkrummels
1 e gerasperde Parmesaan-kaas
paprika

1 Verhit 'n groot kastrol water met sout tot kookpunt. Voeg kookolie by om te voorkom dat die pasta vaskleef. Kook die macaroni vir 10 minute. Dreineer goed en hou eenkant.

2 Braai ui in 5 teelepels botter tot sag. Hou eenkant. Giet kookwater oor die tamaties en laat staan 2–3 minute. Verwyder en dompel in koue water, trek die skil af en sny in klein blokkies.

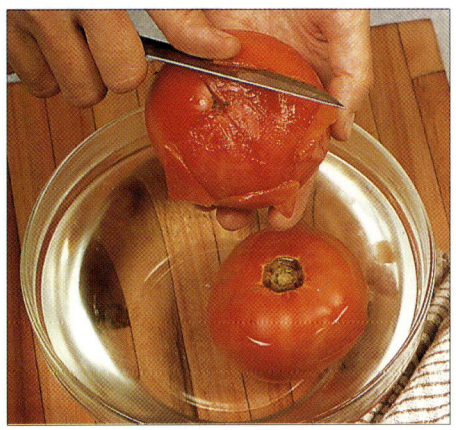

3 Om die witsous te maak, smelt 3 eetlepels botter in 'n kastrol, voeg meelblom by en roer om 'n roux te vorm. Verwyder van hitte, voeg melk by en roer goed. Plaas terug op hitte en hou aan roer tot verdik. Voeg die mosterd, rooipeper, geurmiddels en kaas by en roer tot die kaas gesmelt het.

4 Meng die sous en macaroni. Pak in lae in 'n gesmeerde oondskottel – eers die macaroni, daarna die uie, tamatie en blokkies ham of spekvleis.

5 Herhaal die lae en eindig met 'n laag macaroni.

6 Meng die broodkrummels en Parmesaan-kaas en strooi dit oor die macaroni. Strooi paprika bo-oor. Bak 30 minute teen 180 °C (350 °F), tot macaroni-kaas bo-op goudbruin is. Sit stomend warm voor saam met 'n groenslaai.
LEWER 4–6 PORSIES.

WENKE

◆ Macaroni-kaas vries goed.

◆ Die ham of spekvleis kan weggelaat word, indien verkies.

◆ Om 'n ryker witsous tye maak, voeg aan die einde van stap 3 ongeveer 120 ml room of 2 lig geklitste eiers by.

◆ Die spekvleis of ham kan vervang word met gerookte Weense worsies of enige ander gerookte wors.

◆ Moet liewer nie hierdie gereg sonder beleë Cheddar-kaas probeer maak nie. Gewone Cheddar-kaas is eenvoudig nie geurig genoeg nie.

PASTA MET SAMPIOENE, ERTJIES EN HAM

Enige pasta kan vir hierdie gereg gebruik word, maar die lang pastavorms, soos spaghetti, fettucine of tagliatelle werk die beste.

2 t sout
1 e kookolie
500 g pasta van jou keuse
3 e botter
1 ui, fyngekap
250 g sampioene, in skywe gesny
125 g gerookte ham, in een stuk, en daarna in repies gesny
125 g vars uitgedopte ertjies, of bevrore ertjies wat ontdooi is
250 ml dun room
knippie droë dragon, of
    1 e gekapte vars dragon
sout en varsgemaalde swartpeper
50 g Parmesaan-kaas, gerasper

1 Om pasta te kook, verhit 'n groot kastrol water tot dit kook en voeg sout en kookolie by. (Die olie sal help voorkom dat die pasta vaskleef.) Voeg die pasta by die kookwater en los die kastrol oop. Die pasta is gewoonlik binne 10–12 minute gaar, afhangend van hoe dik dit is.

2 Maak die sampioen-en-hamsous terwyl die pasta kook. Smelt die botter en braai die ui daarin tot sag en goudkleurig. Voeg die sampioene by en laat kook tot die sampioenvloeistof verdamp het. Roer nou en dan.

3 Voeg die ham en ertjies by en roer deur. Voeg die room en dragon by en geur met sout en peper. Maak die sous deurwarm, maar pasop dat dit nie kook nie.

4 Dreineer pasta, en behou 1 eetlepel van die vloeistof. Roer dit deur die pasta.

5 Skep die warm roomsous oor die gaar pasta en roer deur. Skep die mengsel op vuurwarm borde, strooi Parmesaan-kaas rojaal oor en sit dit dadelik voor saam met 'n groenslaai.
LEWER 4 PORSIES.

WENKE

◆ Vir 'n vegetariese maaltyd, laat die ham weg.

◆ Vir 'n variasie, vervang die ham met skywe gerookte wors.

◆ Jy kan die ertjies vervang met rooi of groen soetrissies, ertjies, jong murgpampoentjies of kolwynpampoentjies, of jy kan dit ekstra byvoeg.

◆ Om die vetinhoud te verlaag, vervang die room met 250 ml hoender- of groente-aftreksel. Pas die geurmiddels aan.

◆ Gebruik vir afwisseling enige pastavorm wat te koop is.

PASTA

PASTA

GROENTE-LASAGNE

Hierdie groente-lasagne is besonder geurig. Vir 'n heerlike vleislose gereg kan die spekvleis weggelaat word.

125 g streepspekvleis
2 uie, gekap
2 e kookolie
2 knoffelhuisies, fyngedruk
1 groot geelwortel, gerasper
1 medium kopkool, gekap
1 blik (400 g) heel geskilde tamaties, met die sap
½ t gerasperde neutmuskaat
1 t droë origanum
sout en varsgemaalde swartpeper
ongeveer 12 velle lasagne-pasta (die halfgaar tipe wat nie gekook hoef te word nie)

KAASSOUS
3 e botter
3 e meelblom
600 ml melk
sout en varsgemaalde swartpeper
1 t droë mosterd
200 g Cheddar-kaas, gerasper

1 Braai spekvleis bros, haal uit pan en breek in happiegrootte stukkies. Hou eenkant.

2 Voeg die uie en olie by die spekvleisvet en braai tot sag.

3 Voeg knoffel, wortel en kool by. Roer voortdurend en braai 3 minute oor medium hitte.

4 Sny die tamaties in skywe en voeg dit saam met die sap by die koolmengsel. Voeg die stukkies spekvleis, neutmuskaat, origanum en geurmiddels by. Prut 10 minute oor medium hitte. Die mengsel moenie te droog word nie.

5 Om die kaassous te maak, smelt botter, voeg meelblom by en meng om 'n roux te vorm.

6 Verwyder van hitte en voeg melk by. Plaas terug op hitte en hou aan roer tot verdik. Voeg sout, peper, mosterd en driekwart van die gerasperde kaas by.

7 Giet die helfte van die kool in 'n groot oondskottel. Bedek met die helfte van die lasagne-velle, dan die helfte van die kaassous. Herhaal, en eindig met kaassous.

8 Strooi die orige kaas bo-oor. Bak 30 minute teen 180 °C (350 °F), tot mooi goudbruin en borrelend. Sit die lasagne warm voor saam met 'n slaai.
LEWER 4–6 PORSIES.

WENKE

◆ Indien jy lasagne met vleis verkies, kan jy die kool vervang met 500 g gemaalde beesvleis.

◆ As jy wil, kan die kool vervang word met murgpampoentjies wat in skywe gesny of gerasper is.

◆ Die geur verbeter met tyd. Maak die lasagne dus die vorige dag, bedek en plaas in die yskas.

◆ Vervang geblikte tamaties met 1 kg geskilde, vars rooi tamaties.

◆ As jy 'n ryker sous verkies, vervang 120 ml melk met room.

SPAGHETTI BOLOGNAISE

Hierdie vleissous kom oorspronklik uit die Italiaanse stad Bologna.

2 e olyfolie
2 e botter
1 groot ui, gekap
4 stingels sopseldery, in skywe gesny
1 geelwortel, geskil en gerasper
500 g maer beesmaalvleis
1 blik (400 g) geskilde tamaties, in skywe gesny en die sap behou
120 ml wit- of rooiwyn
250 ml water
2 e tamatiepasta
1 t suiker
1 lourierblaar
sout en varsgemaalde swartpeper
1 t droë origanum of
    1 e gekapte vars origanum
500 g spaghetti

1 Verhit die olyfolie en botter, voeg die ui by en braai tot sag. Voeg die seldery en wortel by en roerbraai 'n paar minute.

2 Verhoog hitte, voeg maalvleis by en verbruin terwyl jy dit roer om enige klonte op te breek.

3 Voeg die tamaties en hul sap, die wyn, water, tamatiepasta, suiker, lourierblaar, sout, peper en origanum by.

4 Bedek en laat prut baie stadig vir 1 uur. Verwyder van hitte en gooi lourierblaar weg.

5 Net voor ete, verhit 'n groot kastrol water tot kookpunt. Voeg 1 eetlepel olie, 1 teelepel sout en spaghetti by die water en kook 12 minute. Dreineer en sit dit voor saam met die vleissous: dit kan individueel op baie warm borde voorgesit word, of die spaghetti en sous kan apart in groot skottels saam met 'n slaai voorgesit word.
LEWER 4–6 PORSIES.

WENKE

◆ Repe streepspekvleis wat saam met die uie gebraai word, verbeter die geur van die sous.

◆ Hierdie Bolognaise-sous vries baie goed.

◆ Tuisgemaakte pasta is deesdae baie gewild, en is regtig baie eenvoudig om te maak: sif 400 g witbroodmeel in 'n hoop op 'n oppervlak. Maak 'n holte in die middel en breek 3 eiers daarin. Voeg 1–2 eetlepels water by. Gebruik 'n vurk en werk die eiers met roerbeweging in die deeg in. Knie die deeg tot glad. Vorm dit in 'n bal, bedek en laat 30 minute rus. Knie dit vinnig en verdeel dit in twee gelyke dele. Hou die een helfte bedek terwyl jy met die ander besig is. Rol die deeg dun en egalig uit op 'n oppervlak wat met meel bestrooi is. Sny in die verlangde vorms. Laat die pasta minstens 1 uur uitdroog voordat dit gebruik word. Kook in kokende water waarby sout gevoeg. Onthou, tuisgemaakte pasta is binne slegs 4–6 minute gaar.

◆ Om seldery te bêre, sny die blare en die punte af en pak dit in 'n fles yswater in die yskas.

PASTA

STAP VIR STAP KOOKBOEK

PASTA

MOSSEL-FETTUCINE

'n Fluweelgladde sous, perfek saam met fettucine of tagliatelle. Ek hou van die mossels in hul skulpe maar, as jy verkies, kan die mossels ook sonder die skulpe voorgesit word.

1 blik (900 g) swart mossels
1 ui, in ringe gesny
3 jonguie, fyngekap
1 knoffelhuisie, fyngedruk
3 e botter
1 e olyfolie
2 e meelblom
250 ml van die inmaakvloeistof
120 ml melk
120 ml droë witwyn
120 ml dun room
1 e gekapte vars dille
2 e gekapte vars pietersielie
sout en varsgemaalde swartpeper
ongeveer 400 g fettucine of tagliatelle
gekapte vars pietersielie of dille vir garnering

1 Dreineer mossels deur 'n fyn sif om alle sand te verwyder. Gooi enige toe mossels weg en behou die vloeistof vir aftreksel.

2 Braai die ui, jonguie en knoffel liggies in die warm botter en olyfolie. Verdik met meelblom en verwyder van hitte.

3 Roer die mossels se vloeistof, die melk en die wyn in. Plaas terug op hitte en roer tot verdik.

4 Voeg room, kruie, geurmiddels en mossels by sous en maak deurwarm sonder dat dit kook. Dit is belangrik dat dit goed warm moet wees, want mossels word baie gou koud. Vir 'n dunner sous, voeg nog 'n bietjie inmaakvloeistof by.

5 Om die pasta te kook, verhit 'n groot kastrol water tot kookpunt. Voeg 1 eetlepel olie, 1 teelepel sout en pasta by en kook 12 minute. Dreineer goed.

6 Verhit 'n groot oondskottel en plaas die pasta daarin. Giet die sous met mossels daaroor en roer versigtig sodat die mossels nie beskadig word nie. Strooi 'n bietjie gekapte pietersielie of dille oor en sit dadelik voor: individuele porsies vorm 'n elegante voorgereg, en groter porsies saam met 'n bros, kleurryke slaai 'n hoofgereg.
LEWER 4–6 HOOFGEREGPORSIES.

WENK

◆ Vars mossels kan in plaas van geblikte mossels gebruik word. Skrop die skulpe in koue water. Stoom die mossels vir 5 minute in 'n groot kastrol en gooi enige mossels wat nie oopgegaan het nie, weg. Vervang die vloeistof van die mossels met 250 ml flou vis- of hoenderaftreksel, en volg die aanwysings hierbo.

SEEKOSPASTA

Dié gereg staan in Italië, sy land van oorsprong, bekend as Pasta di Mare, en elke streek het sy eie weergawe. Dit bevat gewoonlik garnale, mossels en calamari in 'n pikante tamatiesous. Dit word stomend warm voorgesit oor fusilli (skroefnoedels), conchiglie (skulpnoedels), lumache (slaknoedels), linguini of spaghetti – met Parmesaan-kaas bo-oor gestrooi.

2 e olyfolie
1 ui, fyngekap
6 jonguie, gekap
1 klein tot medium geelwortel, gerasper
2 knoffelhuisies, fyngedruk
500 g seekosmengsel (bv. mossels, calamari en garnale)
1 blik (400 g) Italiaanse geskilde tamaties, gekap en die sap behou
1 e tamatiepasta
250 ml droë witwyn
sout en varsgemaalde swartpeper
1–2 t strooisuiker
knippie rooipeper
bouquet garni (1 groot takkie vars pietersielie, 1 lourierblaar en 1 takkie vars tiemie of roosmaryn, vasgebind met 'n lang toutjie)
500 g pasta van jou keuse
gekapte pietersielie en gerasperde Parmesaan-kaas as garnering

1 Verhit olie in 'n swaarboomkastrol. Braai die ui tot sag en goudkleurig. Voeg die jonguie, wortel en knoffel by en braai tot sag maar nie bruin nie.

2 Voeg die seekosmengsel by en roerbraai 2 minute.

3 Voeg die tamaties en behoue sap, tamatiepasta en wyn by.

4 Geur die mengsel met sout en peper en strooi die suiker en rooipeper oor.

5 Voeg bouquet garni by sous en hang die punt van die draadjie oor die rand van die kastrol sodat dit maklik verwyder kan word. Prut sous 30 minute stadig en verwyder bouquet garni.

6 Kook intussen die pasta vinnig vir sowat 12 minute in water waarby sout gevoeg is (die kooktyd hang af van die soort pasta wat gebruik word). Dreineer goed.

7 Skep die warm sous oor die pasta, garneer met gekapte pietersielie en Parmesaan-kaas en sit dadelik voor saam met slaai. Klein porsies kan ook as 'n voorgereg voorgesit word.
LEWER 4 PORSIES.

WENKE

◆ As jy wil, kan vars gekapte brandrissie of 'n bietjie droë brandrissie bygevoeg word.

◆ Hierdie sous vries goed.

◆ Vars brandrissies verg vernuf. Volg hierdie wenke:
– Vir 'n baie sterk gereg, breek die stingel af, was die rissie en voeg dit by die gereg.
– Vir 'n matiger gereg, ontpit die rissie: breek die stingel af en halveer die rissie oorlangs met 'n skerp mes. (Dra rubberhandskoene.) Pasop dat jy nie jou oë vryf nie. Krap die pitjies uit, sny die rissie in dun repies en voeg dit by die gereg. Was jou hande deeglik.

◆ Groen brandrissies is sappig en besonder smaaklik, en rooi brandrissies het 'n sterker smaak.

PASTA

STAP VIR STAP KOOKBOEK

GROENTE

BRAAI- EN KAPOKAARTAPPELS

Dit is beslis 'n kuns om heerlike braai- en kapokaartappels te maak. Dié eenvoudige aanwysings sal almal help om dit die eerste keer reg te doen – die kapokaartappels is lig en donsig, en die braai-aartappels is heerlik bros.

KAPOKAARTAPPELS
6 aartappels, geskil
4 e botter
175 ml warm melk
sout en witpeper

BRAAI-AARTAPPELS
4–6 groot aartappels, geskil
vars kookolie vir braai
sout

KAPOKAARTAPPELS

1 Sny aartappels in die lengte middeldeur maar moenie kleiner sny nie, want hulle kan oorgaar en dus waterig word. Plaas aartappels in 'n kastrol, bedek met water en voeg 1 teelepel sout by.

2 Verhit die aartappels in soutwater tot kookpunt en kook tot dit net gaar is, maar nie uitmekaar val nie.

3 Dreineer goed en sit 2 minute terug op die plaat om enige oortollige vloeistof te verwyder. Verwyder aartappels van hitte en plaas hulle in 'n mengbak. Voeg botter en melk by. Meng met 'n elektriese handklitser tot 'n gladde tekstuur. Moet dit nie te lank klits nie. Pas die geurmiddels aan.

4 Skep in 'n skottel en sit dadelik voor. As die aartappels nie warm genoeg is nie, plaas dit 5–10 minute in 'n voorverhitte oond teen 160 °C (325 °F). Kapok-aartappels moenie uitdroog nie.
LEWER 4–6 PORSIES.

BRAAI-AARTAPPELS

1 Halveer aartappels in die lengte. As hulle baie groot is, sny hulle in kwarte. Verhit water met sout in 'n groot kastrol tot kookpunt. Voeg aartappels by en kook hulle 15 minute tot halfgaar. Laat effens afkoel.

2 Giet 3 cm kookolie in 'n oondskottel en verhit dit vir sowat 15 minute in die oond teen 200 °C (400 °F).

3 Krap met 'n vurk kepies in die afgekoelde aartappels. Strooi sout oor, plaas hulle in die warm olie, verlaag die oondtemperatuur tot 180 °C (350 °F) en bak sowat 45–60 minute. Draai die aartappels gereeld om sodat hulle egalig verbruin. Wanneer die aartappels gaar en bros is, haal hulle uit en dreineer op papierhanddoek.
LEWER 4–6 PORSIES.

WENK

◆ Kies ferm, gladde aartappels, sonder sagte plekkies, wat nie groen of swart is nie en sonder enige ogies wat uitloop.

STAP VIR STAP KOOKBOEK

GEURIGE AARTAPPELS

Hierdie smullekker Indiese gereg is 'n uitstekende bykos by enige vleis, maar is veral lekker saam met braaivleis. Dit is ook 'n baie goeie manier om oorskietaartappels op te gebruik.

4 e kookolie
2 t fyn kaneel
1 e fyn koljander
1 t rooipeper
1 e heel karweisaad
2 t sesamsaad
2 e botter
vars gemmer, 2,5 cm lank, geskil en gerasper
2 knoffelhuisies, fyngedruk
750 g aartappels, in die skil gekook en opgesny in 2,5 cm-blokkies
knippie sout
4 e gekapte vars koljander

1 Verhit olie in 'n swaarboomkastrol. Voeg speserye en sade by. Verlaag die hitte sodra die saad skiet. (Speserye se aromatiese geur word vrygestel as dit verhit word.)

2 Voeg die botter, gemmer en knoffel by. Braai 1 minuut en roer voortdurend om te voorkom dat die knoffel brand (as knoffel skroei, word dit baie bitter).

3 Plaas die aartappels in 'n pan en verhit dit vir ongeveer 8–10 minute oor medium hitte tot deurwarm. Roer nou en dan liggies om te voorkom dat dit aan die boom van die pan vassit.

4 Geur die aartappels met sout en strooi koljander oor. Skep dit uit in 'n opdienbak en sit die warm aartappels dadelik voor.
LEWER 4–6 PORSIES.

WENKE

◆ Die aartappels kan geskil word, indien verkies. As hulle geskil is, hou hulle in koue water, maar hoogstens 1 uur.

◆ Oorskietaartappels moet vir 'n korter tydjie – sowat 6 minute – deurwarm gemaak word.

◆ Die vars gemmer kan met fyn gemmer vervang word indien verkies, hoewel die eindresultaat nie heeltemal dieselfde sal wees nie – gebruik 1½–2 teelepels.

◆ Die gemmerplant se wortel word vir kook gebruik. Vars gemmer moet 'n gladde skil hê en op 'n koel, droë plek gehou word anders sal dit uitloop en smaakloos word.

◆ Vars koljander het 'n sterk, kenmerkende geur. Dit word oral ter wêreld gebruik – in Spanje en Mexiko staan dit bekend as *cilantro*, en in Indië word dit *dhania* genoem. Dit moet baie vars gebruik word – om 'n bos koljander 'n paar dae lank vars te hou, plaas die wortels in 'n beker koue water op die vensterbank.

◆ Sesamsaad bevat proteïne en minerale, asook baie olie. As dit lig gerooster word, bring dit die geur na vore. Om te rooster, strooi die sesamsaad oor 'n bakplaat en rooster in 'n stadige oond tot ligbruin. Wees versigtig dat dit nie brand nie.

◆ Alle speserye kan tot 1 jaar lank in 'n koel, droë plek gehou word, maar onthou, dit is altyd beter om klein hoeveelhede te koop soos jy dit nodig het en dit so gou as moontlik te gebruik.

GROENTE

GROENTE

ASPERSIES MET SUURLEMOENBOTTERSOUS

Vars aspersies is in die lente en vroeë somer algemeen in die groentewinkels. My gunsteling is die groenaspersie, want dit is smaakliker en sagter as die ander. Die Suurlemoenbottersous smaak besonder lekker saam met aspersies, en kan ook saam met groentegeregte en vis voorgesit word.

300 g vars groenaspersies
water waarby sout gevoeg is

SUURLEMOENBOTTERSOUS
4 e witwyn
2 e room
175 g botter, in blokkies gesny
4 e suurlemoensap
1 t Tabasco-sous
knippie sout
repies suurlemoenskil as garnering

1 Was die aspersies. Sny die houterige punte met 'n skerp mes af. Verhit 'n vlak kastrol met gesoute water tot kookpunt.

2 Plaas die aspersies in die kokende water en laat kook, sonder 'n deksel, vir ongeveer 15–20 minute, of tot net sag – die gaarmaaktyd sal afhang van die dikte van die aspersielote.

3 Maak die Suurlemoenbottersous terwyl die aspersies kook. Plaas die wyn en room saam in 'n klein kastrol en kook die volume met die helfte af.

4 Roer voortdurend met 'n houtlepel en voeg die botter geleidelik by. Voeg suurlemoensap, Tabasco-sous en sout by.

5 Klits deeglik met 'n draadklitser tot dit skuim.

6 Skep die aspersies met 'n gleuflepel uit die kastrol en rangskik op 'n opdienbord. Giet die warm sous oor, garneer met repies suurlemoenskil en sit dadelik voor.
LEWER 3 PORSIES.

WENKE

◆ Aspersies word gou gaar in 'n mikrogolfoond: was die aspersies en plaas die helfte in 'n enkellaag in 'n mikrogolfbak. Voeg 2 eetlepels koue water by en mikrogolf 5 minute op volle krag. Herhaal met die res.

◆ Aspersies smaak ook heerlik koud saam met mayonnaise.

◆ As aspersies as 'n aparte gang voorgesit word, word dit met die vingers geëet.

◆ Om aspersies te bêre, sny die punte van die stele af en laat staan dit in 'n fles koue water, of draai dit in 'n klam doek toe. Hou 1–2 dae in die yskas.

STAP VIR STAP KOOKBOEK

RATATOUILLE

Dié gereg kan warm of koud geëet word. Die hoeveelheid groente kan verskil, maar pasop om nie te veel waterige groente te gebruik nie.

1 medium eiervrug, in skywe
   en daarna in kwarte gesny
2 jong murgpampoentjies,
   in skywe gesny
sout
2 uie, in skywe gesny
2 sappige knoffelhuisies, fyngedruk
2 e botter, gesmelt
3 e olyolie
1 groen, 1 rooi en 1 geel soetrissie,
   ontpit en in skywe gesny
100 g knopiesampioene
1 blik (400 g) geskilde tamaties,
   gedreineer en gekap
3 e rooiwyn
1 e tamatiepasta
2 t suiker
sout en varsgemaalde swartpeper
gekapte vars basiliekruid, origanum
   en pietersielie

1 Strooi sout oor eiervrug en murgpampoentjies en laat staan 30 minute. Was en droog goed af met 'n papierhanddoek.

2 Braai uie en knoffel in botter en olie in 'n groot vuurvaste oondskottel met 'n deksel. Voeg soetrissies, sampioene, tamaties, eiervrug en murgpampoentjies by.

3 Voeg die wyn, tamatiepasta, suiker en sout asook 'n ruim strooisel peper by.

4 Bedek en laat prut stadig vir ongeveer 45 minute. Voeg nou die vars kruie by en laat prut nog 30 minute. Sit die ratatouille warm of koud as groente voor.
LEWER 4–6 PORSIES.

WENKE

◆ Sit Ratatouille koud voor saam met Jogurtsous. Vir die sous, meng 120 ml ongegeurde jogurt, 5 teelepel dun room, 1 fyngedrukte knoffelhuisie, 2 teelepels gekapte vars grasuie en 1 teelepel vars dille.

◆ Oorskiet-ratatouille is 'n heerlike vulsel vir 'n omelet.

◆ Eiervrug is baie veelsydig. Maak gerus hierdie eenvoudige en heerlike 'Armmanskaviaar': draai twee eiervrugte in 'n stuk aluminiumfoelie toe en bak ongeveer 1 uur of tot sag teen 190 °C (375 °F). Skep die vleis uit. Voeg 2 eetlepels gekapte vars pietersielie, 3 knoffelhuisies en sout en swartpeper na smaak by. Verwerk in 'n voedselverwerker tot glad. Roer 120 ml ongegeurde jogurt by, indien verkies. Sit voor as 'n smeer saam met brood of bros soutbeskuitjies.

◆ Voor eiervrug gaargemaak word, moet die oortollige vog en bitter sappe eers onttrek word: sny die eiervrug in skywe en strooi 'n dik laag sout oor. Laat staan 30 minute, spoel deeglik af met koue water en druk goed droog.

GROENTE

STAP VIR STAP KOOKBOEK

GROENTE

EIERVRUG-EN-TAMATIEGEBAK

Die Italiaanse woord vir eiervrug is 'melanzana' – 'n veelsydige groente wat dikwels versmaai word. Hier word dit gebruik in 'n gunstelinggereg wat dikwels in Italiaanse restaurante as 'n antipasto voorgesit word. Hierdie perfekte voorgereg is ook heerlik as 'n ligte middagete.

2 groot of 3 medium eiervrugte
sout
olyfolie
2 uie, fyngekap
3 e kookolie
2 knoffelhuisies, fyngedruk
1 blik (400 g) geskilde tamaties, in skywe gesny en sap behou
1 e tamatiepasta
1 t suiker
sout en varsgemaalde swartpeper
1 t droë basiliekruid, of
   1 e gekapte vars basiliekruid
1 t droë origanum, of
   1 e gekapte vars origanum
200 g mozzarella-kaas, in skywe gesny
3 e gerasperde Parmesaan-kaas

1 Was en sny die eiervrugte in skywe, maar moenie afskil nie. Strooi sout oor en laat staan 20 minute sodat die bitter sappe uit die groente onttrek kan word.

2 Spoel goed af en druk droog. Bestryk aan albei kante met olyfolie. Plaas op 'n bakplaat en rooster onder 'n voorverhitte roosterelement. Draai die skywe om as hulle sag en effens verbruin is en verbruin aan die ander kant. Pasop, want hulle brand maklik.

3 Verhit die olie in 'n kastrol en braai die uie effens daarin tot net sag en mooi goudbruin. Voeg die knoffel, tamaties met sap, tamatiepasta, suiker, geurmiddels en kruie by en laat prut ongeveer 10 minute tot verdik.

4 Rangskik die helfte van die eiervrug in 'n oondskottel. Skep nou die helfte van die tamatiemengsel, mozzarella- en Parmesaan-kaas oor. Herhaal en eindig met Parmesaan-kaas.

5 Bak 30–40 minute teen 190 °C (375 °F), tot die groente begin borrel en die bolaag bros is.
LEWER 2–4 PORSIES.

WENKE

♦ Die mozzarella-kaas kan vervang word met Ricotta-kaas.

♦ Strooi vars broodkrummels oor die Eiervrug-en-Tamatiegebak in plaas van Parmesaan-kaas.

♦ Maak die sous met 1 kg vars tamaties in plaas van geblikte tamaties: trek die vel af, kap en volg die aanwysings hierbo.

♦ Hierdie gereg kan vooraf berei word: berei dit tot aan die einde van stap 4 en bedek. Dit kan nou gevries of 'n paar dae in die yskas gehou word. Volg stap 5 net voor dit voorgesit word.

SPINASIE- EN BOTTERSKORSIE-GNOCCHI

Gnocchi is 'n Italiaanse kluitjie wat as 'n aantreklike voorgereg of ligte maaltyd voorgesit word. Ek hou van die kombinasie van die twee geure.

SPINASIE-GNOCCHI
500 g vars spinasie
100 g Ricotta-kaas
5 t gerasperde Parmesaan-kaas
1 ekstra-groot eier
sout en varsgemaalde swartpeper
knippie neutmuskaat
koekmeelblom
gesmelte botter en gerasperde
  Parmesaan-kaas as garnering

BOTTERSKORSIE-GNOCCHI
2 medium botterskorsies
1 ekstra-groot eier
koekmeelblom
sout en witpeper
neutmuskaat
gesmelte botter en gerasperde
  Parmesaan-kaas as garnering

1 Om Spinasie-gnocchi te maak, skeur die spinasieblare van die stele af en gooi die stele weg. Voeg die spinasie by 120 ml gesoute kookwater en kook 3 minute. Dreineer goed en kap met 'n mes of in 'n voedselverwerker.

2 Voeg Ricotta- en Parmesaan-kaas by. Klits die eier, voeg geurmiddels en neutmuskaat by en voeg dit by die spinasiemengsel. Voeg genoeg meelblom by dat die deeg nie te nat of te droog is nie.

3 Plaas die deeg op 'n oppervlak wat met meel bestrooi is en verdeel dit in gelyke dele. Rol elke stuk in 'n wors van 1–2 cm dik. Sny in stukke ongeveer 2 cm lank. Plaas gnocchi op konkawe gedeelte van 'n vurk en druk dit met 'n vinger teen die tande van die vurk. Plaas dit op die bakplaat.

4 Verhit 'n groot kastrol met soutwater tot kookpunt. Plaas die gnocchi met 'n gleuflepel in die water en laat kook dit vir ongeveer 1–2 minute – die gaar gnocchi sal opkom en bo dryf. Plaas intussen 'n bietjie gesmelte botter in 'n verhitte opdienskottel en plaas die gaar gnocchi daarin. Strooi Parmesaan-kaas oor en sit dit dadelik voor.

5 Om Botterskorsie-gnocchi te maak, skil die botterskorsie en kook dit in water tot sag. Dreineer en maak fyn.

6 Klits die eier lig en voeg dit by die botterskorsie saam met genoeg meelblom om 'n klewerige mengsel te vorm. Geur met sout, peper en neutmuskaat.

7 Volg verder stappe 3 en 4, soos vir Spinasie-gnocchi.
LEWER 8 VOORGEREGPORSIES.

WENK

◆ Gebruik bevrore spinasie, ontdooi, goed gedreineer en gekap, in plaas van vars spinasie.

◆ Gnocchi smaak heerlik saam met tuisgemaakte tamatiesous.

GROENTE

GROENTE-STRUDEL

'n Heerlike verrassing: lae vars groente toegedraai in delikate filodeeg.

400 g broccoli-blommetjies
200 g vars groenboontjies, punte afgesny
150 g mangetout- of 'sugar snap'-ertjies
½ bossie jonguie
4 jong murgpampoentjies, in die lengte deurgesny
200 g geelwortels, geskil en gerasper of in julienne-repies gesny
8–10 velle filodeeg
200 g botter, gesmelt
sout en varsgemaalde swartpeper

1 Verhit 'n groot kastrol met water tot kookpunt en voeg 2 teelepels sout by. Blansjeer die groente soos volg: dompel dit 1 minuut lank in die kookwater, verwyder en dompel dit dan in koue water. Hou eenkant.

2 Om die deeg voor te berei, neem 1 vel filodeeg en bestryk dit met gesmelte botter. Plaas die volgende vel bo-op die eerste een en bestryk dit ook met gesmelte botter. Herhaal die proses tot al die deeg opgebruik is.

3 Om die strudel te maak, pak 'n laag van die geblansjeerde broccoli-blommetjies styf teen mekaar in die middel van die deeg, maar laat sowat 8 cm deeg aan weerskante oop. Geur, en herhaal dan die proses om die beurt met die ander groente tot alles in lae opmekaar gepak is.

4 Vou die punte van die deeg oor die groente en rol dit styf op. Bestryk die deeg met gesmelte botter terwyl jy dit oprol.

5 Plaas die strudel versigtig op 'n bakplaat en bak dit vir ongeveer 45 minute of tot mooi goudbruin teen 180 °C (350 °F). Haal die strudel uit die oond en laat dit 5 minute staan voordat dit met 'n baie skerp mes gesny word.
LEWER 6 PORSIES AS 'N BYGEREG.

WENKE

◆ Pak die groente styf teen mekaar en rol die filodeeg styf op om 'n goeie effek te verkry.

◆ Die strudel kan dalk moeilik sny – vir die beste resultate, gebruik 'n elektriese mes.

◆ Die groente kan na gelang van die seisoen afgewissel of met bevrore groente vervang word.

◆ Bestryk die filodeeg met kookolie of olyfolie in plaas van gesmelte botter.

◆ Die gereg kan tot aan die einde van stap 4 vooruit berei word. Bedek goed, en plaas tot 4 uur in die yskas voordat dit gebak word.

MURGPAMPOENTJIETERT

Jong murgpampoentjies word ook courgettes of zucchini genoem. Gebruik dié resep en bak klein, individuele tertjies vir 'n smaaklike, soutige snoephappie.

2 e botter
1 ui, fyngekap
2 knoffelhuisies, fyngedruk
1 groot geelwortel, fyngerasper
400 g jong murgpampoentjies, fyngerasper
2 e koekmeelblom
1 t droë mosterd
3 ekstra-groot eiers, lig geklits
sout en varsgemaalde swartpeper
½ t fyn neutmuskaat
2 e fyngekapte vars pietersielie
100 g beleë Cheddar-kaas, gerasper
2 e Parmesaan-kaas

1 Smelt die botter in 'n kastrol, voeg die ui by en soteer tot sag en goudkleurig. Voeg die knoffel by en soteer 1 minuut.

2 Voeg gerasperde wortel en murgpampoentjies by ui-en-knoffelmengsel en soteer 3 minute.

3 Voeg meelblom en mosterd by die eiers en klop met 'n draadklitser in 'n groot bak tot glad. Voeg die geurmiddels, neutmuskaat en pietersielie by.

4 Vou nou die mengsel van ui, wortel en murgpampoentjies in die eiermengsel in en meng deeglik. Vou gerasperde Cheddar- en Parmesaan-kaas in.

5 Giet mengsel in 'n gesmeerde 18 × 28 cm-oondskottel of 'n ronde 20 cm-tertbord. Bak sowat 20–30 minute teen 180 °C (350 °F) tot gestol. Vir individuele tertjies, skep mengsel in 'n kolwyntjiepan en maak die holtes sowat driekwart vol. Bak 15–20 minute teen 180 °C (350 °F). Sit warm voor.
LEWER 6 PORSIES.

WENKE

◆ Hierdie Murgpampoentjietert of -tertjies vries goed: bedek en hou tot 3 maande in die vrieskas.

◆ Bêre eiers op 'n baie koel plek of in die yskas. Gebruik teen kamertemperatuur.

GROENTE

SLAAIE

SPINASIESLAAI MET CROÛTONS

Die geurige croûtons maak hierdie slaai knarslekker!

6 repe swoerdlose streepspekvleis
200 g spinasie
1 klein kop botterslaai
2 t strooisuiker
1 klein ui, in dun skywe gesny
1 rooi soetrissie, in skywe gesny
2 avokado's, ontpit, geskil, in skywe gesny en in 'n bietjie suurlemoensap gedoop

CROÛTONS
kookolie
2 snye ou witbrood, 2 cm dik, korsies afgesny en in blokkies gesny

SLAAISOUS
25 g feta- of Rosetta-kaas, of ander sterk-gegeurde kaas (opsioneel)
2 knoffelhuisies, fyngedruk
3 e olyfolie
3 e asyn
1 e water
1 t suiker
1 t droë mosterd
sout en varsgemaalde swartpeper

1 Braai spekvleis in 'n pan. Laat afkoel, dreineer op papierhanddoek, breek in happie-grootte stukkies en hou eenkant. Hou vet van spekvleis om croûtons te braai.

2 Was die spinasie en slaaiblare. Skeur spinasieblare van stele (tensy baie jong spinasie gebruik word) en skeur blare in happie-grootte stukkies. Plaas die spinasie en slaaiblare in 'n slaaibak.

3 Strooi strooisuiker, stukkies spekvleis, ui, rooi soetrissie en avokado oor die blare.

4 Om croûtons te maak, voeg genoeg olie by die vet van die spekvleis in die pan sodat dit 1 cm diep is. Braai die broodblokkies aan alle kante tot bros en goudbruin.

5 Dreineer op papierhanddoek en voeg by die slaai.

6 Vir die slaaisous, krummel die kaas (indien gebruik) in 'n klein bakkie. Voeg knoffel, olie, asyn en water by. Meng en voeg suiker en mosterd by. Geur met sout en peper. Sit apart voor, of giet dit oor die slaai en meng liggies net voor dit voorgesit word.
LEWER 4–6 PORSIES.

WENKE

◆ Klein kersietamaties is 'n aantreklike opsionele ekstra.

◆ Knoffel moet liewer gekap word eerder as om dit in 'n knoffelpers fyn te maak: plaas die plat kant van 'n koksmes op die ongeskilde knoffelhuisie en slaan dit met jou vuis. Trek nou die papieragtige skil af en kap die knoffel met klein bewegings terwyl die mes vorentoe en agtertoe beweeg word.

◆ Spinasie is 'n baie gewilde blaargroente ryk aan vitamines en minerale, veral yster. Gaar spinasie het reeds die meeste van die yster verloor, dus is dit meer voedsaam as dit rou geëet word, soos in hierdie slaai.

STAP VIR STAP KOOKBOEK

SLAAI MET BLOUKAASSOUS

Die kombinasie van pekanneute en bloukaas gee hierdie slaai 'n lekker pikante smaak.

1 slaaikop – botterslaai, ysberg, of 'n mengsel van blare
1 appel, in skywe gesny en in 'n bietjie suurlemoensap gedoop om te voorkom dat dit verkleur
1 groen, rooi of geel soetrissie, ontpit en in skywe gesny
½ komkommer, in skywe gesny
1 stingel tafelseldery, in skywe gesny
1 avokado, in blokkies gesny en in 'n bietjie suurlemoensap gedoop om te voorkom dat dit verkleur

SLAAISOUS
50 g bloukaas
50 g pekanneute
175 ml ongegeurde jogurt
3 e suurroom of karringmelk
3 e olyfolie of kookolie
2 t suurlemoensap
1 knoffelhuisie, fyngedruk
varsgemaalde swartpeper
2 t suiker
1 e gekapte vars pietersielie
ekstra bloukaas om bo-oor te strooi (opsioneel)

1 Om die slaai te maak, was die slaaiblare deeglik, druk droog en plaas dit in 'n groot slaaibak.

2 Voeg appel, soetrissie, komkommer, seldery en avokado by en meng liggies.

3 Vir die slaaisous, verwerk die bloukaas en neute in 'n voedselverwerker met 'n metaallem in kort, vinnige sarsies tot gemeng maar steeds grof.

4 Voeg die jogurt, suurroom of karringmelk en die olyfolie of kookolie geleidelik deur die voerbuis by en meng.

5 Voeg suurlemoensap, knoffel, peper, suiker en pietersielie deur die voerbuis by. Meng.

6 Die bloukaas-slaaisous kan afsonderlik voorgesit word, of dit kan net voor benodig liggies in die slaai gemeng word.

7 Strooi 'n bietjie gerasperde bloukaas oor die slaai, indien verkies, en sit dit dadelik voor.
LEWER 4–6 PORSIES.

WENKE

◆ Klein kersietamaties is 'n aantreklike opsionele ekstra.

◆ Bloukaas is 'n sagte, beleë kaas met 'n sterk geur. Die blou are word veroorsaak deur skimmel wat spesiaal bygevoeg word. Dit is romerig en ferm, maar met 'n krummelrige tekstuur vanweë die blougroen skimmel.

◆ Die slaaisous smaak beter as dit die vorige dag gemaak word. Bêre dit in die yskas.

◆ Gebruik altyd ekstra-suiwer, koudgeparste olyfolie vir die beste resultate.

◆ Wissel die bestanddele van die slaai af met wat beskikbaar is.

SLAAIE

STAP VIR STAP KOOKBOEK

SLAAIE

GEROOSTERDE SOETRISSIESLAAI

'n Mediterreense gunsteling. Gebruik 'n kombinasie van groen, rooi en geel soetrissies vir 'n besonder kleurryke en aantreklike slaai. Dit is 'n heerlike toevoeging tot 'n antipastobord.

4 groot groen, rooi of geel soetrissies
3 knoffelhuisies, fyngedruk
3 e olyfolie
sout na smaak
varsgemaalde swartpeper

1 Voorverhit rooster-element, plaas heel soetrissies op 'n bakplaat en rooster tot blasies op die skille vorm en dit begin swart word. Hou hulle goed dop en draai hulle om om reg rondom swart te word. Jy kan hulle ook swart maak deur hulle 20–30 minute op 'n bakplaat in 'n voorverhitte oond te plaas teen 200 °C (400 °F). Die soetrissies sal miskien minder bros wees, maar dit is makliker.

2 Laat die soetrissies afkoel tot hulle hanteer kan word. Trek buitenste skil af, of maak skille los deur soetrissies in 'n baksakkie te plaas en hulle eers te laat sweet en daarna af te skil.

3 Ontpit die soetrissies, sny hulle in dun repe en plaas hulle in 'n opdienbak.

4 Meng die knoffel, olyfolie, sout en 'n ruim strooisel swartpeper. Giet die mengsel oor die soetrissies, bedek en laat afkoel om voor te sit. Hierdie slaai smaak die volgende dag selfs lekkerder.
LEWER 4 PORSIES.

WENKE

◆ Vir ekstra geur kan 1–2 eetlepels vars suurlemoensap in stap 4 saam met die orige bestanddele bygevoeg word.

◆ Dié resep kan verdubbel word.

◆ Dit kan 'n paar dae goed hou – plaas in 'n gesteriliseerde glasfles, draai styf toe en bêre in die yskas.

◆ Soetrissies is verwant aan die brandrissie en is beskikbaar in 'n reënboog van kleure – groen, rooi, geel, oranje en pers.

◆ Soetrissies smaak besonder lekker wanneer hulle gevul en gebak word. Sny die stingels af, verwyder die pitte en tussenvliesies en vul met 'n vulsel met 'n rysbasis. Bak 20–30 minute teen 190 °C (375 °F).

◆ Soetrissies bevat nie cholestrol of vet nie, en baie vitamine C.

◆ Kappertjiesaad, origanum en tiemie is lekker by soetrissies.

◆ Koop gladde, ferm soetrissies, en vermy dié wat verlep en verrimpeld is of donker kolle het.

MEXIKAANSE AVOKADO-LAAG

Hierdie pikante avokado-laag is 'n interessante variasie van guacomole – die heerlike Mexikaanse doopsous. Dit is 'n uitstekende voorgereg, en smaak ook heerlik saam met drankies of as 'n bykos vir 'n buffet-ete. Sit dié kleurryke gereg voor saam met bros Franse of Italiaanse brood, of saam met Melba-roosterbrood.

1 groot, of 2 medium
   ryp avokado's
1 e vars suurlemoensap
sout en varsgemaalde swartpeper
2 blikke (400 g elk) tamatie-
   en-uiesmoor
2 vars brandrissies, ontpit
   en in skywe gesny, of
   1–2 t brandrissiepoeier
1 t suiker
1 bossie jonguie, fyngekap
250 ml aangesuurde room
100 g beleë Cheddar-kaas, gerasper
1 t paprika

1 Skil avokado en plaas dit in 'n voedselverwerker met 'n metaallem. Voeg suurlemoensap en sout en peper by. Verwerk sodat dit nog effens grof is. (Dit kan ook met 'n aartappeldrukker gedoen word.) Smeer op die boom van 'n ovaal skottel van 28 × 18 cm.

2 Giet die tamatie-en-uiesmoor in 'n vergiettes en laat staan sowat 20 minute om te dreineer. Giet dit in 'n mengbak en roer die brandrissies of brandrissiepoeier, suiker en fyngekapte jonguie by.

3 Skep die tamatiemengsel oor die avokadolaag.

4 Smeer die suurroom oor die tamatiemengsel en strooi dan die gerasperde Cheddar-kaas oor. Strooi die paprika heel laaste oor.
LEWER 6 PORSIES.

WENKE

◆ Hierdie gereg kan die vorige dag gemaak word. Bedek goed en hou dit in die yskas. Haal dit 1 uur voor die ete uit die yskas.

◆ Avokado's is die vrugte van die subtropiese avokadoboom, en is baie voedsaam: hulle is ryk aan natuurlike olies, vitamines (veral vitamine C) en minerale.

◆ Die effens suur sitrusgeure pas goed by die romerige geur en werk die ryk smaak van die avokado's teen.

◆ Om avokado's te laat ryp word, draai hulle in 'n stuk koerantpapier toe en hou hulle 2–3 dae lank in 'n donker kas.

◆ Avokadopulp vries baie goed: verwyder die pulp van die avokado en plaas dit in 'n klein bakkie. Druk dit fyn en voeg 1 eetlepel suurlemoensap vir elke avokado by. Plaas dit in 'n glasfles met 'n skroefdeksel. Maak die fles driekwart vol, draai die deksel toe en vries. Dit kan tot 'n jaar lank bevries word.

◆ Om te voorkom dat 'n gereg waarin avokadopulp gebruik is verkleur, hou die pit in die mengsel tot dit voorgesit word.

◆ As suurroom nie beskikbaar is nie, voeg 1 eetlepel suurlemoensap of witasyn by vars room. Roer deur en laat staan 15 minute voor gebruik.

◆ Gebruik altyd beleë Cheddar-kaas vir kookdoeleindes, want dit het die meeste geur. Gebruik groen brandrissies vir 'n effens matige geur, of rooi brandrissies vir 'n sterker geur.

SLAAIE

147

STAP VIR STAP KOOKBOEK

148

SLAAIE

TABBOULEH-SLAAI

Graansoorte raak by die dag meer gewild, nie net vir hul interessante geur nie, maar veral omdat dit mode geword het om gesond te wil eet. Tabbouleh-slaai is 'n Libanese gereg wat bulgur ('n tipe gebreekte koring) bevat. Dit is 'n bestanddeel wat reeds duisende jare lank in Midde-Oosterse geregte gebruik word.

250 g bulgur, gekook
  (kyk Wenke)
water om dit te bedek
2 medium ryp tamaties
1 bossie jonguie, of
  1 medium ui, fyngekap
¼ komkommer, ongeskil
  en in blokkies gesny
1 groen of rooi soetrissie,
  ontpit en fyngekap
25 g fyngekapte vars pietersielie
15 g gekapte vars kruisement

SLAAISOUS
120 ml olyfolie
120 ml vars suurlemoensap
2 knoffelhuisies, fyngedruk
1 t suiker
sout en varsgemaalde swartpeper

1 Week bulgur 30 minute in water (dit word vooraf gekook en hoef slegs geweek te word voor dit in slaai gebruik word.) Dreineer en druk in 'n skoon doek uit om alle oortollige vog te verwyder.

2 Om tamaties te skil, giet kookwater oor en laat staan 2 minute. Trek skil af, sny stingel met 'n skerp mes uit, halveer die tamatie en sny in blokkies.

3 Meng die tamaties, jonguie, komkommer, soetrissie, pietersielie en kruisement. Voeg die bulgur by en meng.

4 Om die slaaisous te maak, meng al die bestanddele en giet die slaaisous oor die bulgur. Bedek en plaas minstens 2 uur in die yskas. Roer en sit voor.
LEWER 4–6 PORSIES.

WENKE

◆ Dit is noodsaaklik om vars kruisement vir hierdie slaai te gebruik: moenie dit met droë kruisement vervang nie – dit sal nie dieselfde smaak nie.

◆ Tabbouleh-slaai kan 24 uur voor die tyd gemaak en in die yskas gehou word.

◆ Bulgur is 'n nuttige graansoort wat in plaas van rys as bykos by 'n hoofgereg voorgesit kan word. Om bulgur te kook, verhit 1 liter water met 2 teelepels sout tot kookpunt, roer 200 g bulgur by, bedek, verminder die hitte en prut stadig. Roer nou en dan. Prut sowat 15 minute, dreineer indien nodig en sit voor.

◆ As graan nie korrek gebêre word nie, kan dit vol kalanders word. Bêre dit tot 6 maande in 'n fles met 'n digpassende deksel in die yskas, of tot 1 jaar in die vrieskas. Gebruik dit net so, sonder om dit eers te ontdooi.

◆ Om knoffelhuisies fyn te druk, skil, strooi 1 teelepel sout daaroor en druk met die plat kant van 'n meslem tot 'n pasta.

STAP VIR STAP KOOKBOEK

LEKKER AARTAPPELSLAAI

Die tradisionele aartappelslaai wat met mayonnaise gemaak word, is 'n afgesaagde kombinasie, daarom is hierdie pikante aartappelslaai 'n geurige afwisseling.

1 kg aartappels (ongeveer 6–8 groot aartappels), geskil en in kwarte gesny

SLAAISOUS
120 ml olyfolie
4 e asyn
3 e vars suurlemoensap
2 knoffelhuisies, fyngedruk
2 t pikante kerriepoeier
½ t Chinese 'Five-Spice'-poeier*
3 e fyngekapte vars koljander **
1 t suiker
1 t droë mosterd
sout en varsgemaalde swartpeper

1 Plaas aartappels in 'n kastrol, bedek met water en voeg 1 teelepel sout by. Laat kook tot die aartappels sag is, maar moenie te lank kook nie, anders sal hulle melerig word en verkrummel.

2 Dreineer die aartappels en laat hulle afkoel tot hulle hanteer kan word. Plaas die aartappels in 'n mooi opdienbak of -skottel.

3 Maak solank die slaaisous terwyl die aartappels kook. Klits die olie, asyn, suurlemoensap, knoffel, kerriepoeier en Chinese 'Five-Spice'-poeier saam. Voeg die vars koljander, suiker, mosterd en geurmiddels by en meng.

4 Giet die slaaisous oor die aartappels – die geheim is om dit te doen terwyl die aartappels nog warm is, sodat hulle die heerlike sous kan absorbeer. Bedek die bak en laat die slaai 1 uur staan. Roer dit twee keer versigtig deur en sit voor.
LEWER 4 PORSIES.

WENKE

* Chinese 'Five-Spice'-poeier is 'n aromatiese mengsel van fyn vinkel, wonderpeper, anys, kaneel en kruienaeltjies.

** Gebruik gekapte pietersielie of roosmaryn in plaas van koljander.

◆ Hierdie slaai kan bedek en tot 6 uur lank in die yskas gehou word. Laat staan die slaai vir 1 uur teen kamertemperatuur voor dit voorgesit word.

◆ Kook 1 kg ongeskilde jong aartappeltjies sag, druk hulle met 'n vleispen vol gaatjies en volg die resep vanaf stap 3.

◆ Voeg repies songedroogde tamaties deurdrenk met olyfolie, ontpitte swart olywe wat in skywe gesny is of kappertjiesaad by as variasie.

◆ Ekstra-suiwer, koudgeparste olyfolie gee die beste geur. Moenie olyfolie in die yskas bêre nie – dit sal troebel word.

◆ Verhit 'n suurlemoen 2 minute in baie warm water of in 'n matige oond voor dit uitgedruk word om al die sap uit te kry.

SLAAIE

SLAAIE

ITALIAANSE SLAAIBORD

Antipasto, 'n eg-Italiaanse gereg, is net so mooi as wat dit lekker is om te eet. Dit is 'n kleurryke begin vir enige maaltyd en uitstekend vir partytjies en buffet-etes. Antipasto kan baie verskillende bestanddele bevat, maar sluit tradisioneel altyd die een of ander varkvleisproduk in: gebruik Parma-ham, mortadella of salami.

100 g knopiesampioene
100 g jong murgpampoentjieskyfies
100 g broccoli-blommetjies
250 g salami, Parma-ham of mortadella, in dun skywe gesny
140 g ingemaakte botterboontjies
3 hardgekookte eiers
6 ansjovisfilette
100 g Italiaanse swart olywe
1 rooi en 1 groen soetrissie, gerooster en gemarineer (kyk bladsy 145)
3 rooi konfyttamaties
50 g mozzarella-kaas, in skywe gesny

SLAAISOUS
85 ml wynasyn
2 knoffelhuisies, fyngedruk
sout en varsgemaalde swartpeper
1 e gekapte vars origanum
1 e gekapte vars basiliekruid
1 e gekapte vars tiemie
120 ml olyfolie

1 Maak eers die slaaisous deur die asyn, knoffel, geurmiddels, kruie en olie te meng.

2 Marineer die sampioene, murgpampoentjies en broccoli afsonderlik in driekwart van die slaaisous. Hou eenkant.

3 Rangskik die kouevleis op een gedeelte van 'n groot, dekoratiewe opdienbord. Skep die botterbone op die bord en giet die orige slaaisous oor die boontjies.

4 Sny elke hardgekookte eier in kwarte. Halveer die ansjovisfilette oorlangs, vou 'n halwe filet versigtig om elke kwart van 'n eier en rangskik dit op die skottel.

5 Sit die olywe en gemarineerde soetrissie op die opdienbord.

6 Skep die groente uit, behou die marinade en rangskik die groente op die bord. Giet 'n bietjie van die marinade oor.

7 Sny die tamaties in skywe en rangskik hulle op die bord met skyfies mozzarella-kaas tussen-in. Giet die orige marinade oor en sit as 'n voorgereg voor saam met Italiaanse brood.
LEWER 6–8 PORSIES.

WENK
◆ Wissel die vars bestanddele af na gelang van wat beskikbaar is.

STAP VIR STAP KOOKBOEK

ROOMYS MET SJOKOLADESOUS

Hierdie ou gunsteling verskyn nog gereeld op restaurantspyskaarte en bly steeds 'n wenkombinasie.

ROOMYS
500 ml slagroom
1 blik (397 g) kondensmelk
1 t vanieljegeursel
3 ekstra-groot eierwitte

SJOKOLADESOUS
25 g kakaopoeier
75 g ligbruinsuiker
100 ml gouestroop
1 t kitskoffie, opgelos in
   250 ml kookwater
1 t vanieljegeursel
3 e botter
100 g gevlokte amandels
   (opsioneel)
dekoratiewe wafelbeskuitjies
   vir garnering

1 Om die roomys te maak, klop die room tot dit begin verdik. Voeg nou die kondensmelk en vanieljegeursel by en klop weer.

2 Klits eierwitte styf. Indien dit nie wil styf word nie, voeg 'n knippie sout by.

3 Gebruik 'n metaallepel en vou die eierwitte met 'n syfer 8-beweging in die roommengsel in. Giet dit in 'n 2 liter-plastiekhouer, bedek en vries.

4 Haal die roomys uit die vrieskas net voordat dit heeltemal hard word en klop dit weer liggies. Dit verbeter die tekstuur. Bedek en vries weer.

5 Vir die sjokoladesous, plaas al die bestanddele, behalwe die vanielje, botter en amandels, in 'n swaarboomkastrol. Verhit oor lae hitte en roer voortdurend tot dit opgelos het. Laat ongeveer 3 minute stadig prut.

6 Verwyder van hitte en voeg die botter en vanieljegeursel by. Roer om die botter op te los.

7 Rooster die amandels, indien gebruik, deur 2 teelepels kookolie in 'n braaipan te verhit. Voeg die amandels by en roer voortdurend met 'n houtlepel tot hulle bruin word. Strooi oor individuele porsies roomys met warm sjokoladesous net voordat dit voorgesit word en rangskik 2–3 wafelbeskuitjies in elke bakkie.
LEWER ONGEVEER 2 LITER ROOMYS EN 500 ML SJOKOLADESOUS.

WENK

◆ As dit bedek word, kan die sjokoladesous lank in die yskas gehou word. Verhit dit in 'n mikrogolfoond of in die boonste deel van 'n dubbelkastrol.

NAGEREGTE

NAGEREGTE

VRUGTE-CLAFOUTIS

'n Nagereg van Franse oorsprong, bestaande uit 'n pannekoekbeslag wat oor ontpitte vrugte gegiet en dan gebak word. Hoe donkerder die vars vrugte, soos kersies of pruime, hoe lekkerder die nagereg. Ingemaakte vrugte kan gebruik word wanneer kersies en pruime nie in seisoen is nie.

750 g vrugte van jou keuse (sagte pruime, kersies, youngbessies of frambose), of 1 blik (825 g) vrugte (peerhelftes, appelkose of perskeskywe)
60 g koekmeelblom
½ t bakpoeier
75 g strooisuiker
3 ekstra-groot eiers, geklits
500 ml melk
1 t vanieljegeursel
versiersuiker, gesif
slagroom om mee voor te sit

1 Indien jy vars vrugte gaan gebruik, was en ontpit dit. Smeer 'n vlak oondskottel liggies met botter.

2 Rangskik die vrugte in die skottel. As jy ingemaakte vrugte gebruik, dreineer dit goed en rangskik dit in die oondskottel.

3 Sif die meelblom, bakpoeier en strooisuiker saam in 'n mengbak. Meng die eiers, melk en vanieljegeursel. Maak 'n holte in die meelblom en giet die melk-en-eiermengsel daarin.

4 Meng tot 'n gladde beslag. Voeg die beslag versigtig by die vrugte deur dit oor die rugkant van 'n metaallepel te giet. Bak 30–40 minute teen 200 °C (400 °F). Haal uit oond en laat effens afkoel.

5 Strooi gesifte versiersuiker ruimskoots oor. Sit nagereg warm voor met geklopte room.
LEWER 4–6 PORSIES.

WENKE

◆ Indien verkies, kan 3 eetlepels brandewyn of likeur oor die vrugte gegiet word voordat die beslag bygevoeg word.

◆ Gebruik eiers teen kamertemperatuur vir ligter resultate.

◆ Om room perfek te klop, verkil die room eers in die yskas en klop dit dan in 'n skoon bak. Gebruik 'n metaal- of glasbak, eerder as een van plastiek. Vir selfs beter resultate, verkil eers die bak en die klitser.

◆ As room te lank geklop word, sal dit skei en botter word. Wees dus versigtig.

◆ As jy nie strooisuiker het nie, verwerk korrelsuiker 2 minute in 'n voedselverwerker tot dit fyn is.

STAP VIR STAP KOOKBOEK

POEDING MET WARM SJOKOLADESOUS

Hierdie nagereg herinner my aan my kinderdae toe voedsel 'n uiters belangrike aspek van ons gesinslewe was! Dis net die gereg vir koue aande – 'n gebakte poeding met 'n dik, stroperige sjokoladesous wat saam met vanieljevla voorgesit word.

4 e botter
125 g suiker
1 ekstra-groot eier
125 g bruismeel
5 t kakaopoeier
120 ml melk

SOUS
60 g bruinsuiker
1 e kakaopoeier
375 ml kookwater

VLA
1 t mielieblom
500 ml melk
1 t vanieljegeursel
knippie sout
4 eiergele
4 e strooisuiker

1 Gebruik 'n elektriese klitser of houtlepel om die poeding aan te maak: room die botter en suiker saam in 'n mengbak. Voeg die eier by die geroomde mengsel en klop dit baie goed.

2 Sif die meelblom en kakao saam en voeg dit saam met die melk by die geroomde mengsel. Giet in 'n gesmeerde ronde of vierkantige 2 liter-oondskottel.

3 Om die poeding se sous te maak, laat los die suiker en kakao in die kookwater op. Giet dit oor die rugkant van 'n metaallepel oor die beslag. Bak 30 minute teen 180 °C (350 °F). Haal uit oond, hou eenkant en maak die vla.

4 Vir die vla, meng mielieblom met 2 eetlepels melk. Verhit die orige melk, voeg mielieblom, vanieljegeursel en sout by en verhit tot dit stadig kook.

5 Gebruik 'n metaalklitser en klop die eiergele en suiker saam. Giet warm melkmengsel by eiermengsel terwyl dit voortdurend met 'n houtlepel geroer word.

6 Giet die mengsel terug in die kastrol. Roer voortdurend met 'n houtlepel oor lae hitte tot dit begin verdik. Giet die vla in 'n beker en sit dit saam met die warm sjokoladepoeding voor.
LEWER 6 PORSIES.

WENK
◆ As vla oorverhit word en skif, verwyder dit van die hitte en klop dit met 'n elektriese klitser.

NAGEREGTE

STAP VIR STAP KOOKBOEK

NAGEREGTE

SJOKOLADE-PROFITEROLES

Hierdie roompoffertjies word van chouxdeeg gemaak en is heerlik as nagereg of vir teetyd. Moenie die profiteroles langer as 30 minute voor hulle voorgesit word, vul nie, anders kan hulle pap word.

CHOUX-DEEG
250 ml water
100 g botter
knippie sout
150 g koekmeelblom, gesif
3–3½ ekstra-groot eiers,
  lig geklits

VULSEL
250 ml room, geklop
3 e versiersuiker

SOUS
4 e bruinsuiker
3 e water
25 g donker sjokolade
50 g botter
2 e amandelsplinters
  (opsioneel)

1. Om die profiteroles te maak, plaas die water, botter en sout in 'n klein kastrolletjie. Verhit tot kookpunt, verwyder dadelik van hitte en voeg die gesifte meelbom by. Plaas terug op die stoof.

2. Gebruik 'n houtlepel en roer oor lae hitte tot die mengsel 'n bal vorm. Verwyder van hitte, plaas die deeg in 'n mengbak en laat dit effens afkoel.

3. Voeg die helfte van die geklitste eier by die deeg en klop dit met 'n elektriese klitser.

4. Voeg genoeg geklitste eier by vir 'n glansende deeg wat sy vorm sal behou. Wees versigtig: die hoeveelheid wat nodig is, wissel.

5. Gebruik 'n versiersak met 'n gewone 1 cm-spuitkop en druk hopies deeg, weg van mekaar, op 'n gesmeerde bakplaat uit. Bak 10 minute teen 220 °C (425 °F), verlaag die temperatuur na 180 °C (350 °F) en bak nog 15–20 minute tot mooi goudbruin.

6. Haal die profiteroles uit die oond, draai hulle om en maak 'n insnyding aan die onderkant van elkeen. Skakel oond af, plaas hulle terug in oond en laat droog nog 10 minute uit. Haal dan uit die oond en laat op 'n rak afkoel.

7. Vir die vulsel, meng geklopte room en versiersuiker. Skep dit in 'n versiersak met 'n gegroefde spuitkop. Hou die afgekoelde profiteroles in die een hand en vul dit van onder af met room.

8. Vir die sjokoladesous, verhit al die bestanddele, buiten die botter en neute, in 'n kastrol en roer tot dit kook. Verwyder van hitte en klop botter in. Laat effens afkoel. Hou profiteroles onder vas en doop die bokante in die sous. Strooi neute oor, indien gebruik. Laat 2 profiteroles per persoon toe.
LEWER 24–36 PROFITEROLES.

CRÊPES SUZETTE

Hierdie wêreldberoemde nagereg word in restaurante gewoonlik met groot swier en vertoon voorberei.

PANNEKOEKBESLAG
100 g koekmeelblom
knippie sout
1 e strooisuiker
2 ekstra-groot eiers
200 ml melk
100 ml water
1 e gesmelte botter

SOUS
150 ml vars lemoensap
gerasperde skil van 1 lemoen
gerasperde skil van 1 suurlemoen
1 e strooisuiker
7 e Van der Hum, Cointreau
  of brandewyn
4 e botter
lemoenskyfies en dun skyfies skil
  as garnering

1 Vir die beslag, sif meelblom, sout en suiker saam in 'n bak. Klits eiers liggies. Voeg melk, water en botter by eiers en klits weer.

2 Maak 'n holte in die droë bestanddele. Giet die geklitste eiermengsel in die holte en klop met 'n elektriese klitser tot die beslag glad is.

3 Verhit 'n swaarboom-braaipan van sowat 20 cm in deursnee. Olie die pan liggies, giet 2 eetlepels beslag daarin en draai die pan sodat die beslag egalig versprei. Elke crêpe neem sowat 1 minuut om gaar te word. As hulle dun genoeg is, sal dit onnodig wees om hulle om te draai. Vou die gaar crêpe dubbel, en dan weer, sodat dit 'n driehoek vorm.

4 Vir die sous, meng lemoensap, lemoen- en suurlemoenskil, strooisuiker en 4 eetlepels van die likeur of brandewyn. Smelt die botter in 'n groot braaipan (dit kan baie gou in 'n elektriese braaipan gedoen word). Voeg die res van die bestanddele by en maak deurwarm.

5 Voeg die gaar crêpes by die bottersous, maak deurwarm en draai om sodat die sous in die voue inloop. Garneer. Verhit die orige likeur, giet dit oor die crêpes en vlam. Sit dadelik voor.
LEWER 6–8 PORSIES.

WENKE

◆ Crêpes vries baie goed. Stapel hulle op mekaar met 'n lagie kleefplastiek tussenin sodat hulle nie aan mekaar vaskleef nie. Bedek goed en vries.

◆ Crêpes moet altyd papierdun wees, en kan met 'n groot verskeidenheid soet of soutige vulsels van jou keuse gevul word.

◆ Om 'n crêpe baie gou en maklik in die pan om te draai, gooi dit bloot met 'n vinnige polsbeweging in die lug en laat dit 'n minuut of wat aan die ander kant verbruin.

◆ 'n Crêpe-pan is baie handig om perfekte crêpes te bak. Die pan moet van gegote yster gemaak wees en behoort na gebruik bloot met kombuispapier skoongevee te word.

NAGEREGTE

163

NAGEREGTE

PERE IN ROOIWYN

'n Klassieke maar eenvoudige nagereg. Vars pere is in die winter beskikbaar en as dit in rooiwyn gekook word, is dit 'n uitstekende, gesofistikeerde afronding vir 'n wintersmaaltyd.

6 groot, ferm Packham's Triumph-pere
750 ml droë rooiwyn
500 ml water
200 g strooisuiker
6 heel kruienaeltjies
1 stuk pypkaneel
1 lourierblaar
repie suurlemoenskil
repie lemoenskil
250 ml slagroom

1 Skil pere versigtig af, maar los stingels aan. Sny onderkante gelyk sodat pere regop kan staan.

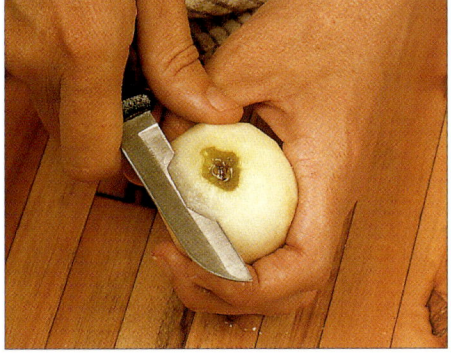

2 Plaas die wyn, water en suiker in 'n kastrol. Laat prut oor lae hitte en roer tot die suiker opgelos is. Voeg die kruienaeltjies, kaneel, lourierblaar en repies skil by.

3 Plaas die pere in die stroop en laat prut stadig vir 2–3 uur. Draai die pere nou en dan met twee houtlepels om – metaallepels sal lelike kepe in die vrugte maak. As die stroop te vinnig afkook, kan 'n mengsel van water en wyn bygevoeg word.

4 Wanneer pere sag is, verwyder hulle van die hitte en laat hulle oornag in die sous staan.

5 Syg stroop deur om speserye uit te kry. Vir versiering, sny die geronde basis van die pere met 'n skerp mes sodat dit uitwaaier. Sit dit voor met geklopte room.
LEWER 6 PORSIES.

WENKE

◆ Hoe langer die pere in die stroop staan, hoe donkerder die kleur en hoe beter die geur.

◆ Peervariëteite wat algemeen beskikbaar is, sluit in Beurre Hardy, Packham's Triumph, Comice, Williams, Conference en Bosc. Comice, Packham's Triumph en Beurre Hardy is almal geskik vir kookdoeleindes.

◆ Pere verkleur net soos appels wanneer hulle gesny is. Smeer hulle met suurlemoensap of asyn om dit te voorkom.

◆ Pere word gepluk en verkoop terwyl hulle nog hard en groen is. Om 'n peer perfek te laat ryp word, sit dit in 'n bruinpapiersak. Vou die sak toe en laat dit teen kamertemperatuur. Kyk elke dag of die peer ryp is deur die vleis by die stingel saggies met jou vingers te druk. Sodra dit sag is, is die peer ryp en reg om te eet.

◆ Pere is voedsaam met onder andere waardevolle minerale soos kalium, kalsium en fosfor. Hulle is boonop laag in kilojoules, maar besonder ryk aan vesel.

SUURLEMOENSKUIMTERT

Die byt van die suurlemoenvulsel saam met die soet smaak van die meringue maak hierdie ryk nagereg 'n tydlose gunsteling. Sny die tert in ruim porsies en sit dan die wiggies op klein koekbordjies voor.

KORS
4 e botter
100 g strooisuiker
1 groot eier
1 t vanieljegeursel
125 g koekmeelblom
1 t bakpoeier

VULSEL
1 blik (397 g) volroom-kondensmelk
3 ekstra-groot eiergele
gerasperde skil van 2 suurlemoene
sap van 3 medium suurlemoene

BOLAAG
3 ekstra-groot eierwitte
75 g strooisuiker
40 g versiersuiker, gesif

1 Vir die kors, room die botter en strooisuiker saam. Voeg die eier en vanieljegeursel by en klop.

2 Sif die meelblom en bakpoeier saam. Vou die meelmengsel in die geroomde bottermengsel in en klop tot net gemeng.

3 Druk die kors se deeg egalig vas in 'n gesmeerde 20 cm-tertbord en bak 15 minute blind teen 190 °C (375 °F).

4 Om die vulsel te maak, voeg al die bestanddele bymekaar en meng tot dit begin verdik.

5 Giet die suurlemoenvulsel in die voorafgebakte tertdop en bak dit vir nog 10 minute teen 190 °C (375 °F).

6 Klits die eierwitte styf. As hulle nie wil styf word nie, voeg 'n knippie sout by. Klop die strooisuiker bietjie-bietjie by.

7 Vou laastens die versiersuiker met 'n metaallepel in.

8 Gebruik 'n versiersak met 'n gegroefde spuitkop en druk ronde meringue-vormpies uit tot dit die hele oppervlak van die tert bedek. Plaas die tert terug in die oond en bak nog 5–10 minute teen 160 °C (325 °F). Haal uit oond, laat afkoel en sit voor.
LEWER 6 PORSIES.

WENKE

♦ As jy geen strooisuiker het nie, verwerk korrelsuiker 2 minute lank in 'n voedselverwerker met 'n metaallem.

♦ Hierdie tert lyk besonder mooi as dit in 'n losboom-randpan met 'n geriffelde rand, 20 cm in deursnee, gebak word.

♦ Strooi 'n bietjie suiker oor die meringue voordat dit gebak word om dit brosser te maak. 'n Mengsel van strooisuiker en versiersuiker sal 'n meringue-bolaag langer laat hou.

NAGEREGTE

167

STAP VIR STAP KOOKBOEK

NAGEREGTE

CRÈME BRÛLÉE

Hierdie resep van Engelse oorsprong dateer uit die agtiende eeu. Dit staan ook bekend as Gebrande Room.

600 ml dun room
6 ekstra-groot eiergele
4 t mielieblom
2 e strooisuiker
1 t vanieljegeursel
75 g strooisuiker

1 Verhit die room in 'n swaarboomkastrol tot dit net-net begin kook.

2 Plaas die eiergele, mielieblom, 2 eetlepels strooisuiker en vanieljegeursel saam in 'n groot mengbak en klop tot glad.

3 Klop voortdurend en giet die warm room by die eiergeelmengsel. Giet die mengsel terug in die kastrol en plaas dit terug op die stoof. Roer voortdurend tot dit verdik. Dit neem 'n paar minute.

4 Syg die mengsel deur in 'n beker om enige stukkies gaar eier te verwyder en giet dit dan in individuele ramekins. Bedek met kleefplastiek en laat oornag in yskas. Hierdie stap is noodsaaklik.

5 Strooi ongeveer 1 uur voor die ete 'n egalige laag gesifte strooisuiker oor die eiermengsel. Plaas 'n skoon, klam vadoek op die boom van 'n oondskottel. Plaas die ramekins daarin en pak ysblokkies om elke ramekin.

6 Plaas onder 'n baie warm roosterelement tot die suiker smelt en karameliseer. Dit brand maklik en moet goed dopgehou word. Verkil om voor te sit.

7 Kraak die gekarameliseerde bolaag met die agterkant van 'n teelepel, as jy wil. (Moenie dit te lank verkil nie, want dan word die bolaag klam). Sit die ramekins op individuele bordjies en sit voor.
LEWER 6 PORSIES.

WENKE

◆ Hierdie nagereg kan in een groot bak voorberei word, maar ek vind individuele ramekins makliker om te hanteer.

◆ Vir 'n heerlike variasie, skep sagte vrugte soos frambose onder in die ramekins voor die vlamengsel in stap 4 bygevoeg word, en volg die resep verder.

◆ Dié wenk om die suikerbolaag maklik te karameliseer, kom van professionele voedselstiliste. As jy 'n klein, draagbare gasblaasvlam het wat jy in jou hand kan hou, is stap 6 (om die suikerbolaag te rooster) baie eenvoudig: gebruik die blaasvlam en laat smelt die suikerlaag baie versigtig, sonder om dit te laat brand. Doen dit sowat 1 uur voor die nagereg voorgesit gaan word. Bedek en verkil tot verlang.

STAP VIR STAP KOOKBOEK

VRUGTE-PAVLOVA

Hierdie meringue-resep is ekonomies en boonop baie suksesvol.

MERINGUE
2 ekstra-groot eierwitte
400 g strooisuiker
4 e kookwater
2 t witasyn
1 t vanieljegeursel
2 t bakpoeier

VULSEL
vrugte in seisoen, bv. perskes, aarbeie, grenadella, kiwivrugte
250 ml slagroom

1 Om meringue te maak, plaas al die bestanddele, behalwe bakpoeier, in die groot mengbak van 'n elektriese klitser.

2 Klop tot die mengsel baie styf is. Dit sal sowat 5–7 minute neem. Voeg bakpoeier by en klop nog 'n minuut.

3 Bespuit 'n 23 × 32 cm-bakplaat met 'n kleefwerende sproei, of voer dit uit met 'n baksakkie (kyk wenk). Smeer een derde van die meringue-mengsel op die plaat.

4 Plaas die orige meringue-mengsel in 'n groot versiersak met 'n groot sterspuitkop en spuit dit in 'n dik rand reg rondom die meringue-basis.

5 Bak sowat 2–3 uur teen 120 °C (250 °F). Skakel die oond af en laat dit oornag uitdroog. Verwyder en laat heeltemal afkoel.

6 Om die bolaag te maak, ontpit die vrugte en sny dit in dun skywe. Doop enige vrugte wat kan verkleur in suurlemoensap. Net voor dit voorgesit word, smeer geklopte room oor die basis en rangskik die vrugte daarop. Sit dadelik voor. Die pavlova kan tot 2 uur lank in die yskas gehou word voor dit voorgesit word, maar dan sal die basis effens pap raak.
LEWER 6–8 PORSIES.

WENKE

◆ Om die pavlova maklik van die bakplaat te verwyder, sny 'n baksakkie oop en plaas dit op die bakplaat sodat dit oor die rande van die plaat hang. Om die gaar meringue te verwyder, tel die baksakkie versigtig op en trek dit af terwyl jy die meringue op 'n opdienbord laat afgly.

◆ Vir individuele meringues, gebruik 'n versiersak en druk ronde vorms op 'n groot bakplaat. Maak seker dat daar spreiruimte is. Bak 1 uur teen 120 °C (250 °F). Skakel die oond af en laat oornag uitdroog.

NAGEREGTE

NAGEREGTE

SJOKOLADE-MOUSSE

'n Heerlike sjokolade-mousse wat slegs kakao bevat, geen sjokolade nie.

5 t kitskoffiekorrels
120 ml kookwater
200 g strooisuiker
60 g kakaopoeier
4 ekstra-groot eiergele
500 ml slagroom
kakaopoeier om bo-oor te strooi

1 Giet die kookwater in 'n swaarboomkastrol en voeg die kitskoffiekorrels by.

2 Voeg suiker en kakao by. Roer oor lae hitte tot die mengsel glad en die kakao opgelos is.

3 Klits die eiergele tot dit dik en lig van kleur is. Doen dit deur 'n bak oor 'n kastrol kookwater te plaas, op 'n werkoppervlak weg van die stoof.

4 Giet warm kakaomengsel (nie kokend nie – as die kakao te warm is, sal die eiers skif) versigtig by die eiergele sodat hulle effens gaar word, en meng. Plaas in die yskas om heeltemal af te koel.

5 Klop 250 ml van die room styf. Roer die afgekoelde sjokolademengsel liggies by die geklopte room in. Giet die mengsel in individuele nageregglasies om elegant voor te sit, of in 'n groot glasbak, indien verkies.

6 Bedek die glase of bak met kleefplastiek en vries oornag. Haal sowat 30 minute voor dit voorgesit word, uit die vrieskas.

7 Klop die orige room styf. Bedek die sjokolade-mousse met 'n dik laag styfgeklopte room. Versier die mousse deur gesifte kakaopoeier of fyn kitskoffiekorrels oor die room te strooi.
LEWER 4–6 PORSIES.

WENKE

◆ Hierdie nagereg vries goed: bedek dit deeglik en hou dit tot 6 weke in die vrieskas.

◆ Jy kan die mousse bo-op met sjokolade-blare versier. Smelt sjokolade en verf dit aan die agterkant van roosblare of die bokant van kappertjie- of malvablare. Laat heeltemal hard word en trek die blaar versigtig af.

◆ Gebruik minder kakaopoeier vir 'n minder gekonsentreerde sjokoladegeur.

◆ Gebruik eiergele teen kamertemperatuur vir ekstra ligtheid.

STAP VIR STAP KOOKBOEK

KLAPPERTERT MET GEMENGDE BESSIES

Hierdie tert is die perfekte nagereg om in die somer te maak wanneer vrugte volop en op hul beste is.

KORS
75 g botter
125 g strooisuiker
150 g droë klapper
2 ekstra-groot eiers

VULSEL
250 g gemengde bessies in seisoen, bv. aarbeie, kersies of frambose
3 e strooisuiker

SOUS
250 g vars, ryp aarbeie
4 e strooisuiker
2 e brandewyn of likeur van jou keuse

OM VOOR TE SIT
250 ml slagroom

1 Om die kors te maak, room die botter en suiker tot lig en romerig. Vou die klapper by die geroomde mengsel in.

2 Klits die eiers tot dik en lig van kleur en vou dit met 'n metaallepel in die geroomde klappermengsel in.

3 Bespuit 'n 23 cm-losboompan met 'n kleefwerende sproei en smeer dan die geroomde klappermengsel egalig oor die boom van die pan. Plaas die losboompan op 'n bakplaat en bak 20 minute teen 180 °C (350 °F), tot die tert styf en mooi goudbruin is. ('n Bietjie olie van die botter kan dalk op die bakplaat uitloop.) Haal uit oond, laat 2 minute afkoel en maak die kors met 'n spatel los.

4 Om vulsel te maak, was vrugte, verwyder aarbeie se stingels en ontpit die kersies. Strooi suiker oor en hou eenkant.

5 Vir die aarbeisous, verwyder stingels van aarbeie, sny in skywe en kook stadig saam met suiker en brandewyn in 'n kastrol.

6 Verwerk aarbeie in 'n voedselverwerker tot glad.

7 Skep 'n dik laag geklopte room op die afgekoelde tertkors en versprei vrugte daaroor. Giet 'n bietjie sous op 'n bord. Plaas 'n tertwiggie op die sous en sit voor, of sit die sous apart voor.
LEWER 6 PORSIES.

WENK

◆ Dié nagereg lyk pragtig as dit op 'n staander geplaas word met versiersuiker daaroor gestrooi.

NAGEREGTE

STAP VIR STAP KOOKBOEK

KOEK EN GEBAK

'N LEKKER VRUGTEBROOD

Hierdie eenvoudige ligte vrugtebrood is propvol kersies en vrugte.

500 g koekvrugte
  (sultanas, rosyntjies,
  korente, gemengde skil)
125 g glanskersies*
1 e koekmeelblom
125 g botter **
200 g strooisuiker
4 ekstra-groot eiers
250 g koekmeelblom
½ t bakpoeier

1 Plaas die koekvrugte in 'n kastrol, bedek met net genoeg water en kook 20 minute lank.

2 Spoel die koekvrugte in 'n vergiettes af, laat afkoel en dreineer goed. Roer heel kersies en 1 eetlepel meelblom by.

3 Room die botter en suiker saam tot lig en donsig. Voeg die eiers een vir een by en meng goed na elke byvoeging.

4 Sif die meelblom en bakpoeier saam en voeg dit by die geroomde mengsel. Meng goed. Vou die koekvrugte in.

5 Smeer 'n 10 × 28 cm-broodpan en skep die mengsel daarin. Bak 1 uur teen 180 °C (350 °F). Toets met 'n vleispen, en as die brood nog baie nat is, verlaag die temperatuur na 160 °C (325 °F) en bak nog 15 minute.

6 Haal die brood uit die oond, laat dit 5 minute afkoel en keer dit dan op 'n draadrak uit om heeltemal af te koel. Strooi gesifte versiersuiker oor om voor te sit.
LEWER 15 RUIM SNYE.

WENKE

* Gebruik vir 'n verandering groen glanskersies vir 'n tikkie ekstra kleur.

** Moenie hierdie brood met margarien maak nie – dit smaak nie dieselfde nie.

◆ As die brood langer moet hou, vou 85 ml brandewyn saam met die koekvrugte in by stap 4.

◆ 100 g gekapte neute soos amandels, pekanneute, okkerneute of Brasiliaanse neute kan in stap 4 saam met die koekvrugte bygevoeg word.

◆ Hierdie vrugtebrood hou nie lank nie en moet binne 'n paar dae geëet word. Draai dit goed toe en bêre in 'n lugdigte houer.

STAP VIR STAP KOOKBOEK

SKURWEJANTJIES MET 'N SJOKOLADELAAG

'n Heerlike ekstra vir kosblikke.

125 g koekmeelblom
100 g hawermout
100 g droë klapper
200 g strooisuiker
125 g botter
2 e gouestroop
1 t koeksoda
2 e kookwater

VERSIERSEL
175 g versiersuiker
4 t kakao
4 t botter, gesmelt
bietjie kookwater

1 Om skurwejantjies te maak, plaas meelblom, hawermout en suiker in 'n groot mengbak.

2 Plaas botter en suiker in 'n kastrol. Smelt oor lae hitte. Moenie laat kook nie.

3 Los die koeksoda in kookwater op en voeg dit by die gesmelte botter en gouestroop.

4 Voeg koeksodamengsel by die droë bestanddele en meng tot 'n deeg. Druk deeg in 'n gesmeerde 33 × 23 cm-bakplaat vas en bak 30 minute teen 160 °C (325 °F).

5 Om die versiersel te maak, sif die versiersuiker en kakao saam. Voeg gesmelte botter by, asook die kookwater, 1 eetlepel op 'n slag, want die versiersel word maklik te loperig. Dit moet dik wees, maar maklik kan smeer.

6 Haal die skurwejantjies uit die oond en laat 5 minute afkoel. Smeer die versiersel egalig oor die warm koekies. Laat effens afkoel en sny dit dan in vierkante. Plaas op 'n draadrak en laat heeltemal afkoel. Bêre in 'n lugdigte houer.
LEWER ONGEVEER 36 VIERKANTE.

WENKE

◆ 75 g rosyntjies of neute kan in stap 1 bygevoeg word vir 'n interessanter skurwejantjie.

◆ Die sjokolade-versiersel kan weggelaat word, indien verkies.

◆ Vir 'n heilsame 'gesondheids-skurwejantjie', voeg 'n bietjie sonneblom-, sesam- en lynsaad by. Vervang bloot die 100 g droë klapper met 3 eetlepels sesamsaad, 3 eetlepels sonneblomsaad, 3 eetlepels lynsaad en 6 eetlepels droë klapper.

◆ Skurwejantjies vries baie goed.

◆ Vervang die koekmeelblom met volgraanmeel, indien verkies.

KOEK EN GEBAK

179

KOEK EN GEBAK

SJOKOLADESPLINTERMUFFINS

Hierdie geurige sjokolademuffins is heerlik ryk en donker – dit is beslis 'n interessante toevoeging tot die bestaande muffin-repertoire.

350 g koekmeelblom
40 g kakaopoeier
1 e bakpoeier
½ t sout
175 g strooisuiker
200 g sjokoladesplinters
2 ekstra-groot eiers, geskei, plus 2 ekstra eierwitte
175 g botter, gesmelt en afgekoel
350 ml karringmelk, gewone jogurt of suurmelk

1 Voorverhit oond tot 200 °C (400 °F). Sif die meelblom, kakao, bakpoeier en sout twee keer saam in 'n mengbak.

2 Roer suiker en sjokoladesplinters in. Klits eiergele, gesmelte botter en karringmelk of jogurt saam in 'n ander bak.

3 Gebruik 'n derde mengbak en klits die eierwitte styf. Roer die karringmelkmengsel in die meelblommengsel in en vou die styfgeklitste eierwitte versigtig in.

4 Skep in gesmeerde kolwyntjiepanne – maak elke holte twee derdes vol. Bak 20 minute lank. Laat 2 minute in die pan en plaas die muffins dan op 'n draadrak.

5 Eet die muffins terwyl hulle nog warm is, saam met volop pas geklopte room.
LEWER 18 MUFFINS.

WENKE

◆ Hierdie sjokoladesplintermuffins hou en vries goed.

◆ Gebruik 'n mengsel van sjokolade- en botterkaramelsplinters, of gekapte okkerneute, vir 'n interessante variasie.

◆ Moenie die beslag te veel te meng nie. Dit veroorsaak lugtonnels in die muffins en dan rys hulle oneweredig.

◆ As jy nie sjokoladesplinters wil gebruik nie, kan jy gewone donker sjokolade rasper en dit by die droë bestanddele voeg.

◆ Om suurmelk te maak, voeg 1 eetlepel suurlemoensap of witasyn by 250 ml melk. Roer goed en laat staan die mengsel sowat 10 minute voor gebruik.

◆ Indien jy 'n ligter, soeter muffin verkies, gebruik 25 g kakao en vermeerder die hoeveelheid suiker tot 200 g.

◆ Vervang die sjokoladesplinters met rosyntjies, indien verkies.

◆ Hou bakpoeier in 'n goed verseëlde, lugdigte houer.

SJOKOLADEKOEK

Dié ryk laagkoek met sy heerlike botterversiersel bly 'n gunsteling.

250 ml kookwater
50 g kakaopoeier
60 g donker sjokolade, in stukkies gebreek
1 t vanieljegeursel
4 ekstra-groot eiers, geskei
120 ml kookolie
250 g koekmeelblom
knippie sout
300 g strooisuiker
1 e bakpoeier

BOTTERVERSIERSEL
2 e kakaopoeier
500 g versiersuiker
125 g botter, saggemaak
1 ekstra-groot eier, geklits
1 t vanieljegeursel

1 Om die koekbeslag aan te maak, meng die kookwater, kakao en sjokolade. Roer tot alles opgelos is en laat effens afkoel.

2 Voeg die vanieljegeursel, eiergele en olie by die sjokolademengsel en meng. Sif die meelblom, sout, strooisuiker en bakpoeier saam en maak 'n holte in hierdie droë bestanddele.

3 Klits die sjokolademengsel goed en voeg dit by die droë bestanddele. Meng.

4 Klits die eierwitte saam met 'n knippie sout styf. Vou nou die styfgeklopte eierwit met 'n metaallepel in 'n syfer 8-beweging in die mengsel in sonder om dit te veel te klop.

5 Spuit 'n ronde 23 cm-koekpan met 'n kleefwerende sproei en giet beslag in. Bak 45 minute, of tot ferm wanneer aangeraak, teen 190 °C (375 °F). Laat staan die koek 5 minute in die pan en keer dan op draadrak uit om af te koel.

6 Maak die versiersel terwyl die koek afkoel. Sif die kakao en suiker saam, voeg die botter by en klop met 'n elektriese klitser. Voeg eier en vanieljegeursel by en meng.

7 Sny die koek in twee lae – steek 'n mes aan die kant in tot in die middel van die koek en draai die koek. Smeer versiersel tussen die twee lae. Gebruik 'n rondepuntmes of spatel om die koek bo-op en aan die kante te versier. Doop die mes of spatel voor elke smeer in warm water. Bêre koek in 'n lugdigte houer.
LEWER 1 GROOT KOEK.

WENKE

◆ Hierdie koek vries goed – vries dit oop tot hard, draai dit dan toe en vries dit weer.

◆ Jy kan die sjokolade vervang met karob wat by gesondheidswinkels beskikbaar is. Karob bevat geen kafeïne nie, baie min vet en is ook baie soet. Om karobpoeier te kry, word die ryp peule van die johannesbroodboom gemaal (nadat die saad verwyder is). Hierdie poeier kan in enige resep waarvoor kakao of sjokolade nodig is, gebruik word – 3 eetlepels karobpoeier gemeng met 2 eetlepels melk of water is gelykstaande aan 'n 1 × 2 cm-blokkie sjokolade.

KOEK EN GEBAK

KOEK EN GEBAK

SKONS

Een van die basiese vaardighede vir enige kok is om goeie skons te kan bak. Nadat ek talle resepte op die proef gestel het, is hierdie een beslis my gunsteling.

250 g koekmeelblom
4 t bakpoeier
2 e strooisuiker
4 e botter
150 ml karringmelk
1 ekstra-groot eier
melk vir glaseersel

OM VOOR TE SIT
120 ml slagroom
1 e strooisuiker
1 t vanieljegeursel
konfyt van jou keuse

1 Sif die meelblom, bakpoeier en strooisuiker saam in 'n bak. Vryf die botter liggies met jou vingerpunte in tot die mengsel soos broodkrummels lyk.

2 Klits die karringmelk en eier liggies saam.

3 Giet die karringmelkmengsel in 'n holte in die meelblommengsel en meng tot 'n deeg met 'n rondepuntmes.

4 Plaas op 'n oppervlak wat met meel bestrooi is en vorm in 'n reghoek van 3 cm dik. Druk skons uit met 'n glas of koekiedrukker, 6 cm in deursnee. 'n Geriffelde koekiedrukker gee 'n mooi rand.

5 Rangskik die skons op 'n gesmeerde bakplaat. Bestryk die bokante liggies met melk en laat staan 15 minute. Sodoende kan die bakpoeier begin werk, en die skons is dus groter.

6 Bak 10 minute teen 220 °C (425 °F), of tot goudbruin. Laat die skons op 'n draadrak afkoel voor hulle oopgesny word.

7 Klop die room styf saam met die suiker en vanieljegeursel. Skep of druk 'n sirkel room om die rand van die skonhelftes. Plaas 'n skeppie konfyt in die middel van die roomsirkel en sit voor.
LEWER 6–8 SKONS.

WENKE

◆ Voeg 'n bietjie gerasperde suurlemoen- of lemoenskil by die deeg vir 'n heerlike sitrusgeur.

◆ Die karringmelk kan met melk vervang word, maar karringmelk maak die skons baie ligter.

◆ Vir heerlike vrugteskons kan 100 g koekvrugte (rosyntjies, sultanas en korente) aan die einde van stap 1 bygevoeg word. 'n Bietjie ekstra karringmelk of melk kan dalk nodig wees om die mengsel te bind.

◆ Om volgraanskons te maak, vervang die helfte van die koekmeelblom met volgraanmeel.

◆ Skons moet verkieslik geëet word direk nadat hulle uit die oond gehaal is.

STAP VIR STAP KOOKBOEK

WORTELKOEK

Hierdie koek is letterlik propvol gesonde lekkerte – pynappel, wortels, appel, neute, rosyntjies. Die beslag is genoeg vir twee broodvorms, 'n groot 23 cm-koek, of 'n ringkoek (gebruik 'n koekpan met 'n tuit in die middel en 'n patroon om die buiterand).

3 ekstra-groot eiers
200 g strooisuiker
100 g ligbruinsuiker
250 ml kookolie
250 ml ingemaakte fyn pynappel, goed gedreineer
3 geelwortels, geskil en fyngerasper
1 groot Granny Smith-appel, geskil en fyngerasper
50 g droë klapper
100 g okker- of pekanneute, gekap
250 g koekmeelblom
2 t koeksoda
1 t bakpoeier
2 t fyn kaneel
½ t gerasperde neutmuskaat
75 g rosyntjies of sultanas

ROOMKAASVERSIERSEL
60 g sagte botter
250 g versiersuiker, gesif
60 g roomkaas
1 e vars lemoensap

1 Plaas die eiers in die mengbak van 'n voedselverwerker met 'n metaallem en voeg albei suikers by. Klits 2 minute op hoë spoed.

2 Laat die voedselverwerker aangeskakel bly, voeg die olie geleidelik deur die voerbuis by en meng nog 'n minuut.

3 Voeg die pynappel, wortels, appel, klapper en neute by en meng 1 minuut.

4 Sif al die droë bestanddele saam in 'n groot mengbak. Voeg die wortelmengsel by en meng met 'n houtlepel. Roer die rosyne of sultanas in.

5 Giet die beslag in 'n gesmeerde pan van jou keuse en bak 60–80 minute teen 180 °C (350 °F). Haal uit oond.

6 Laat 5 minute in pan afkoel, keer uit op 'n draadrak en laat heeltemal afkoel. Versier koud.

7 Om die versiersel te maak, meng botter en suiker met 'n houtlepel. Meng genoeg roomkaas by om dit smeerbaar te maak. Voeg lemoensap by. Versier die koek en garneer met lemoenskil.

WENKE

◆ Wortelkoek moet, vanweë die roomkaasversiersel, bedek en in die yskas gebêre word.

◆ Wortelkoek vries goed: vries onbedek tot dit hard is, draai dit toe en vries dit weer.

KOEK EN GEBAK

KOEK EN GEBAK

PIESANGGEMMERBROOD

Hierdie broodjie het 'n interessante geurkombinasie. Dit smaak lekkerder as dit eers die tweede dag geëet word. Bêre dit in 'n lugdigte houer.

300 g koekmeelblom
4 t fyn gemmer
1 t fyn kaneel
1 t gemengde speserye
2½ t bakpoeier
knippie sout
200 g sagte botter
200 g sagte bruinsuiker
4 groot eiers
6 medium piesangs wat goed ryp is, fyngedruk
120 ml melk
2 e gouestroop, of gemmerstroop wat behou is van gemmerkonfyt
4 e gekapte gekristalliseerde gemmer of gemmerkonfyt, gedreineer en stroop behou

1 Sif die meelblom, fyn gemmer, kaneel, gemengde speserye, bakpoeier en sout saam in die mengbak van 'n elektriese menger.

2 Voeg die botter, bruinsuiker en eiers by die gesifte droë bestanddele in die menger se bak. Klits tot alles goed gemeng is.

3 Voeg die piesangs, melk en gouestroop by en meng. Vou die gekapte gemmer in.

4 Smeer 'n 18 × 28 cm-broodpan. Giet die beslag in die pan en bak ongeveer 45–60 minute teen 160 °C (325 °F). As die brood te gou verbruin, verlaag die temperatuur tot 150 °C (300 °F). Haal die brood uit die oond, laat 5 minute in die pan afkoel, keer uit op 'n draadrak en laat heeltemal afkoel.
LEWER 1 GROOT BROOD.

WENKE

◆ Dit is noodsaaklik dat jy piesangs gebruik wat goed ryp is, anders sal die geur nie die brood deurtrek nie.

◆ Om piesangs vinniger ryp te maak, bêre hulle 'n paar dae op 'n warm plek of draai hulle in koerantpapier toe. Piesangs hou beter in 'n tros.

◆ Gebruik dié versiersel:

125 g versiersuiker
2 e suurlemoensap
kookwater
skywe gemmerkonfyt

Sif die versiersuiker in 'n bak. Voeg die suurlemoensap by, en daarna net 1 eetlepel kookwater op 'n keer, want die versiersel kan baie maklik te loperig word as jy te veel water byvoeg. Giet die versiersel oor die broodjie en versier dit dan bo-op met dun skyfies gemmerkonfyt.

◆ Varsgemaalde speserye is die geurigste. Gemaalde speserye verloor hul geur as hulle te lank gebêre word – koop dus klein hoeveelhede soos benodig.

STAP VIR STAP KOOKBOEK

PLAATKOEKIES

Dié Noord-Amerikaanse gunsteling staan ook bekend as plaatskons of flappertjies en is net die ding om 'n koue middag op te kikker. Hulle smaak op hul beste as hulle pas gebak saam met baie botter en heuning of stroop geëet word.

250 g koekmeelblom
1½ t bakpoeier
knippie sout
3 e strooisuiker
3 groot eiers, geklits
450 ml volroommelk
4 e botter
kookolie vir bak

1 Sif die meelblom, bakpoeier, sout en suiker saam in 'n groot mengbak.

2 Klits die eiers en melk in 'n ander mengbak.

3 Maak 'n holte in die middel van die droë bestanddele en giet die eier-en-melkmengsel daarin. Meng met 'n houtlepel. Smelt die botter en voeg dit ook by die mengsel.

4 Meng alles liggies maar deeglik. Die beslag sal nog effens klonterig wees.

5 Bedek die beslag en plaas dit 30 minute lank in die yskas sodat dit kan verdik.

6 Giet 'n bietjie olie in 'n warm braaipan. Giet die oortollige olie af en skep ongeveer 1 eetlepel beslag vir elke plaatkoekie in die pan, maar laat spreiruimte.

7 Draai die plaatkoekies om sodra borrels op die oppervlak verskyn. Olie die pan na elke groep plaatkoekies wat gebak is en giet die oortollige olie af. Sit voor saam met baie botter, stroop of heuning.
LEWER 4–6 RUIM PORSIES.

WENKE

◆ In Amerika is plaatkoekies 'n gunstelingontbyt : probeer dit saam met heuning en spekvleis.

◆ Om volgraanplaatkoekies te maak, kan die helfte van die koekmeelblom met volgraanmeel vervang word.

◆ Vir ligter plaatkoekies, gebruik karringmelk in plaas van melk.

◆ Sit plaatkoekies mooi voor – plaas 'n klein blokkie botter en 'n leksel stroop of heuning op elke plaatkoekie en stapel hulle opmekaar. Maak die stapel weer warm om voor te sit.

◆ Heuning is 'n natuurlike produk wat bye van nektar maak. Dit is 'n baie voedsame versoeter wat baie minerale en vitamines bevat. Heuning is soeter as suiker, dus kan jy minder daarvan gebruik.

◆ Vir heerlike southappies, plaas dun skyfies gerookte salm op afgekoelde plaatkoekies en geur met 'n bietjie suurlemoensap en varsgemaalde swartpeper.

KOEK EN GEBAK

KOEK EN GEBAK

KERSKOEK

Ek gebruik hierdie resep al baie jare lank. Dit is met die hand geskryf op 'n stukkie vergeelde papier en besmeer met bietjies koekmengsel. Dit is ewe geskik as Kers-, doop- of troukoek. Indien dit vir Kersfees bedoel is, behoort die koek reeds in Oktober gebak te word, sodat dit kan ryp word en die geure goed kan ontwikkel.

200 g bruinsuiker
250 ml water
500 g koekvrugte
100 g droë-appelkose, fyngekap
125 g botter
1½ t koeksoda
125 g glanskersies
100 g pekanneute, gekap
50 g gemmerkonfyt, gekap
100 g dadels, gekap
60 g gemengde glansvrugte (bv. groenvye, pere of pynappel), fyngekap
2 ekstra-groot eiers, lig geklits
250 g koekmeelblom
2 t bakpoeier
1 t sout
1 t fyn kaneel
½ t fyn gemmer
1 t fyn neutmuskaat
4 e brandewyn
250 ml brandewyn

1 Verhit die suiker, water, koekvrugte, appelkose, botter en koeksoda in 'n groot kastrol oor medium hitte. Dit moenie kook voor die suiker nie opgelos het nie. Laat prut 20 minute en laat afkoel.

2 Voeg kersies, neute, gemmer, dadels en glansvrugte by die mengsel en voeg dan die eiers by.

3 Sif die droë bestanddele saam en voeg dit by die gekookte vrugtemengsel. Voeg 4 eetlepels brandewyn by en meng goed.

4 Smeer 'n vierkantige koekpan, 20 cm in deursnee, of gebruik 'n ronde 23 cm-koekpan, en voer dit uit met kleefvry bakpapier.

5 Skep die beslag in die koekpan en bak dit ongeveer 2–3 uur teen 150 °C (300 °F).

6 Laat die koek 15 minute in die pan afkoel en keer dit dan op 'n draadrak uit om koud te word. Giet die orige 250 ml brandewyn oor, draai dit in aluminiumfoelie toe en bêre vir Kersfees. Sprinkel elke maand tot 120 ml brandewyn oor die koek.
LEWER 1 GROOT KOEK.

WENK

◆ Glanskersies en neute kan op die koek geplaas word voor dit gebak word, of jy kan dit 'n week vooraf met harde versiersel bedek. Verhit 2 eetlepels appelkooskonfyt en smeer dit met 'n kwassie oor die koek. Werk op 'n oppervlak wat lig met versiersuiker bestrooi is en rol 750 g marsepein uit tot 'n sirkel wat groot genoeg is om die hele koek te bedek. Strooi versiersuiker oor jou hande en vee die marsepein glad oor die koek. Bedek met 'n skoon vadoek en laat dit 24 uur uitdroog. Klop 2 ekstra-groot eierwitte lig. Voeg geleidelik 500 g versiersuiker by en klop goed met 'n houtlepel. Voeg 1 teelepel suurlemoensap by. Gebruik 'n spatel en smeer dit egalig oor die marsepein.

DEVONSHIRE-ROOMKOEK

Hierdie basiese sponskoek is altyd suksesvol. Dit hou nie lank nie en moet dus liefs op dieselfde dag gebak en geëet word. Dit vries egter goed.

5 ekstra-groot eiers
200 g strooisuiker
gerasperde skil en sap van
 1 suurlemoen
100 g koekmeelblom
50 g mielieblom
knippie sout

VULSEL
250 ml slagroom
75 g versiersuiker

BOLAAG
40 g kakaopoeier
100 g versiersuiker
kookwater

1 Voorverhit die oond tot 180 °C (350 °F). Smeer intussen 'n ronde 23 cm-koekpan liggies, of bespuit dit met 'n kleefwerende sproei.

2 Skei die eiers en klits die eierwitte tot dit styf is maar nie droog nie. Klits die strooisuiker geleidelik by.

3 Klits eiergele, suurlemoenskil en -sap tot lig en donsig en klits dan die orige suiker geleidelik by. Hou aan met klits tot die mengsel dik en romerig is.

4 Vou die eierwitmengsel in die eiergeelmengsel in.

5 Sif die meelblom, mielieblom en sout twee keer saam, vou dit in eiermengsel in en giet die beslag in die voorbereide pan.

6 Bak 40–50 minute. Haal uit oond en laat staan 5 minute in pan. Keer koek op 'n draadrak uit en laat heeltemal afkoel.

7 Om die vulsel te maak, klop die room en versiersuiker saam tot dik.

8 Sny die koek horisontaal deur. Smeer vulsel op die een helfte en plaas die ander helfte bo-op.

9 Om die bolaag te maak, sif die kakaopoeier en versiersuiker saam. Meng dit met kookwater tot 'n taamlik loperige glansversiersel. Laat dit staan om te verdik. Giet dit oor die koek en laat die versiersel aan die kante afloop.
LEWER ONGEVEER 8–10 PORSIES.

KOEK EN GEBAK

KOEK EN GEBAK

YSKAS-KAASKOEK

'n Maklike ongebakte weergawe van die tradisionele gebakte kaaskoek. Rangskik kleurvolle vars vrugte soos skywe kiwivrug, aarbeie of skywe lemoen bo-op, want hierdie kaaskoek verdien dit om soos 'n wenner te lyk.

BASIS
25 gemmerkoekies
1 t fyn gemmer
100 g botter of margarien

VULSEL
5 t gelatien
4 e water
500 g volroom-roomkaas
fyngerasperde skil en sap
  van 1 medium lemoen
  of groot suurlemoen
1 t vanieljegeursel
3 ekstra-groot eiergele
200 g strooisuiker
250 ml room, lig geklop
kleurvolle vars vrugte, bv. kiwivrug,
  aarbeie of nektariens as versiering

1 Vir die basis, maak koekies fyn in 'n voedselverwerker met 'n metaallem. Voeg gemmer by.

2 Smelt die botter of margarien en roer dit by die krummels. Druk 'n dun laag van die krummelmengsel vas op die boom van 'n gesmeerde 23 cm-losboomkoekpan. Bedek en verkil terwyl die vulsel gemaak word.

3 Om die vulsel te maak, strooi die gelatien oor die water en laat dit spons.

4 Klop die roomkaas en voeg lemoen- of suurlemoenskil en -sap en vanieljegeursel by.

5 Klits eiergele en strooisuiker saam tot ligkleurig en dik en voeg by roomkaasmengsel. Voeg lig geklopte room by.

6 Mikrogolf die gelatienspons 2 minute op medium krag om dit te versag, of los dit op oor kookwater, weg van die stoof.

7 Giet die gelatien in 'n egalige straal by die roomkaasmengsel en klop tot dit egalig versprei is. Giet die mengsel oor die basis en plaas dit in die yskas tot gestol – 3–5 uur of oornag. Versier met skywe kleurvolle, vars vrugte.
LEWER 8–10 RUIM PORSIES.

WENKE

◆ Vervang die roomkaas met Ricotta-kaas om die totale vetinhoud te verminder.

◆ Gelatien is 'n ekstrak van die diere-proteïne kollageen. Dit is beskikbaar in poeiervorm of in bros velle en is smaakloos. Dit is eenvoudig om te gebruik en sal byna enigiets stol, behalwe vars pynappel en papaja, wat 'n ensiem bevat wat voorkom dat gelatien stol. Gaar of ingemaakte pynappel of papaja kan egter gebruik word.

◆ Moenie gelatienmengsels vries nie – hulle kristalliseer en skei.

◆ Vars aarbeiskyfies smaak baie lekker saam met dié kaaskoek.

PAASBOLLETJIES

Tradisionele bolletjies vir Paassondag.

500 g koekmeelblom
1 t sout
1 e fyn kaneel
2 t fyn gemmer
1½ t fyn neutmuskaat
1 t gemengde speserye
½ t fyn kruienaeltjies
100 g strooisuiker
1 e droë kitsgis
150 g koekvrugte (rosyntjies, sultanas, korente, skil)
200 ml melk
100 g botter
2 ekstra-groot eiers

MENGSEL VIR KRUISE
100 g koekmeelblom
½ t sout
3 e kookolie
120 ml melk

GLASEERSEL
3 e helder heuning, effens verhit

1 Sif die meelblom en al die speserye saam in 'n groot mengbak. Roer die suiker en droë kitsgis by. Voeg die koekvrugte by.

2 Verhit die melk tot bloedhitte. Voeg die botter by die melk en laat smelt. Klits die eiers effens en voeg dit by die melkmengsel.

3 Giet die melkmengsel oor die droë bestanddele en meng tot 'n sagte deeg. Voeg nog louwarm melk by, indien nodig.

4 Knie die deeg 5 minute op 'n oppervlak wat lig met meelblom bestrooi is. Plaas in 'n mengbak wat lig geolie is, bedek met 'n doek en laat rys ongeveer 2 uur op 'n warm plek tot die volume verdubbel het.

5 Knie die deeg af en knyp stukke so groot soos 'n eier af. Rol die stukke deeg op jou handpalm tot 'n bal en rangskik die bolletjies, met genoeg ruimte tussenin om te kan rys, op 'n gesmeerde 30 × 23 cm-bakplaat.

6 Bedek die bolletjies met 'n doek en laat 15–30 minute op 'n warm plek om te rys.

7 Maak die mengsel vir die kruise net voor jy die bolletjies bak. Sif meelblom en sout. Meng olie en melk en voeg by meel om 'n sagte deeg te vorm. Plaas deeg in 'n sterk plastieksak, knip die hoek af en druk kruise op die bolletjies uit. Werk in 'n aaneenlopende lyn, eers in een rigting oor die bolletjies en dan in die ander; moenie die sak tussen die bolletjies oplig nie.

8 Bak 25–30 minute teen 180 °C (350 °F) tot goudbruin. Laat 5 minute afkoel en bestryk dan met warm heuning. Paasbolletjies smaak op hul lekkerste as hulle vars uit die oond saam met baie botter voorgesit word.
LEWER 12 BOLLETJIES.

WENKE

◆ 'n Glaseersel van gesifte versiersuiker en 'n bietjie water of melk kan die heuning vervang.

◆ Paasbolletjies kan tot 3 maande lank bevries word.

KOEK EN GEBAK

BROOD

MAKLIKE GESONDHEIDSBROOD

Hierdie broodjie word nie geknie nie. Dit is voedsaam, gou en maklik om te maak – en boonop is dit baie gesond! Hierdie resep is ook baie veelsydig; die meelmengsel kan verander word na gelang van wat jy in jou kas het; ander saad kan gebruik of dit kan heeltemal weggelaat word, as jy wil.

15 g vars gis
1 t suiker
150 ml warm water
1 e witbroodmeel
250 ml melk of suurmelk
1 e heuning
85 ml kookolie
2–3 t sout
250 g volgraanmeel
125 g witbroodmeel
100 g hawermout
3 e sesamsaad
3 e sonneblomsaad
3 e lynsaad
4 e gerolde koring

1 Krummel die gisblokkie in 'n groot mengbak, strooi suiker oor en voeg die warm water by. Roer om die gis te laat oplos. Strooi 1 eetlepel witbroodmeel oor die gismengsel, bedek en laat staan op 'n warm plek.

2 Die gismengsel moet altyd skuim voor jy dit gebruik. As dit nie skuim nie, beteken dit dat die gis onaktief is en moet jy van voor af begin met vars gis.

3 Verhit die melk of suurmelk en voeg die heuning, olie en sout by. Voeg dit by die voorbereide gismengsel en meng.

4 Voeg die hawermout en die volgraan- en witbroodmeel by en roer deur. Voeg die sade en gerolde koring by en roer met 'n houtlepel tot die sade eweredig in die mengsel versprei is. Dit behoort 'n dik beslag te vorm.

5 Giet beslag in 'n gesmeerde 10 × 28 cm-broodpan. Bedek met 'n skoon doek en laat 1 uur op 'n warm plek tot gerys. As jy wil kan jy nog sade bo-oor strooi voor die brood gebak word: maak die oppervlak met water nat voor jy die sade oorstrooi.

6 Bak 30 minute teen 190 °C (375 °F). Haal uit die oond en laat dit 5 minute in die pan afkoel. Keer dit op 'n draadrak uit om heeltemal af te koel.
LEWER 1 GROOT BROOD.

WENKE

◆ Die vars gis kan vervang word met 2 teelepels droëgiskorrels, of 1½ teelepels kitsgis. Volg die aanwysings hieronder:
– Vir die droëgismetode, slaan stap 1 oor. Meng 2 teelepels droëgis, 1 teelepel suiker en 1 teelepel koekmeelblom met 150 ml warm water. Laat staan 10–15 minute op 'n warm plek tot dit begin skuim. (Indien dit nie wil skuim nie, is die gis onaktief en moet jy weer van vooraf met vars gis begin.) Gaan voort met stap 2.
– Vir die kitsgismetode, slaan stappe 2 en 3 oor. In stap 3, voeg 150 ml water by die melk of suurmelk. In stap 4, voeg 1½ teelepels kitsgis by die volgraan- en witbroodmeel en die hawermout en volg dan stap 4 verder soos hierbo.

◆ Om suurmelk te maak, voeg 1 eetlepel suurlemoensap of asyn by 250 ml melk. Roer goed en laat staan ongeveer 10 minute.

◆ Om te toets of die brood gaar is, keer dit uit die pan en klop op die onderkant – dit behoort hol te klink.

KARRINGMELKBROODROLLETJIES

Jy kan karringmelk of suurmelk gebruik vir hierdie heerlike, besonder geurige broodrolletjies.

500 g witbroodmeel
1 t sout
2 t suiker
1 e kitsgis
300 ml karring- of suurmelk
2 e botter
1 ekstra-groot eier, geklits
1 eier geklits saam met
 ½ t sout en 1 e water om die broodrolletjies mee te verglans voor hulle gebak word

1 Sif die meel en sout saam in 'n groot mengbak. Strooi die suiker en suurdeeg daaroor en roer dit in die meel in.

2 Maak die die karring- of suurmelk louwarm en laat smelt die botter daarin. Voeg die geklitste eier by die melkmengsel.

3 Voeg die melkmengsel by die meel. Meng tot 'n sagte deeg.

4 Knie die deeg 5 minute op 'n oppervlak wat lig met meel bestrooi is. Plaas in 'n bak wat lig geolie is en laat rys op 'n warm plek tot dit in volume verdubbel het. Dit sal ongeveer 1 uur duur.

5 Knie deeg af en knie 1 minuut. Rol die deeg 2 cm dik uit en sny in lengtes van 8 cm. Sny die lengtes in stroke van 3 cm breed. Druk die punte spits en plaas op 'n gesmeerde bakplaat met ruimte tussen die rolletjies.

6 Bedek die deeg met 'n skoon doek en laat rys 15 minute. Bestryk bo-op met geklitste eiermengsel. Bak 10–15 minute teen 220 °C (425 °F). Haal uit oond en laat op 'n draadrak afkoel.
LEWER ONGEVEER 25 KLEIN ROLLETJIES.

WENKE

◆ Die witbroodmeel kan met koekmeelblom vervang word.

◆ Vir heerlike, aantreklike snoephappies, sny 'n V-vormige keep uit die middel van die broodjies en vul dit met een van die volgende kombinasies:
– gesnipperde kropslaai, grasuie, roomkaas en skyfies tamatie
– gesnipperde kropslaai, roereier en bronkors
– gesnipperde kropslaai, gerookte beesvleis en mosterd

◆ Dié deeg is net reg vir gewone broodrolletjies: verdeel die deeg in 50 g-stukkies en vorm gladde, ronde balle. Bestryk bo-op met eiermengsel en bak 20 minute teen 200 °C (400 °F). Haal die broodrolletjies uit die oond en laat dit op 'n draadrak afkoel.

BROOD

STAP VIR STAP KOOKBOEK

BROOD

PIZZA

Die oorspronklike Italiaanse pizza wat oral ter wêreld gewild is.

PIZZA-BASIS
2 t aktiewe droëgis
1 t suiker
250 ml warm water
1 e witbroodmeel
300 g witbroodmeel
2 t sout

BOLAAG
1 blik (400 g) heel geskilde tamaties, verkieslik Italiaans
1 e tamatiepasta
1 vet knoffelhuisie, fyngedruk
1 t droë basiliekruid
1 t droë origanum
1 t suiker
sout en varsgemaalde swartpeper
300 g mozzarella-kaas, gerasper
'n verskeidenheid bestanddele van jou keuse vir 'n bolaag, bv. salami, sampioene, tuna, groen en rooi soetrissie, ham, skywe ui, olywe, garnale, aspersies
1 e gerasperde Parmesaan-kaas

1 Plaas die gis en suiker in 'n groot mengbak, voeg warm water by en laat oplos. Strooi 1 eetlepel meelblom oor, bedek met 'n doek en laat ongeveer 10 minute op 'n warm plek, tot dit skuim. As dit nie skuim nie, herhaal met 'n nuwe pakkie gis.

2 Sif 250 g meelblom en sout oor die gismengsel. Roer met 'n houtlepel tot die mengsel 'n sagte deeg vorm. Voeg orige meelblom by indien nodig.

3 Knie die deeg 5 minute op oppervlak wat lig met meel bestrooi is. Plaas in 'n lig geoliede bak, bedek en laat rys op 'n warm plek tot dit in volume verdubbel het. Dit sal ongeveer 1 uur duur.

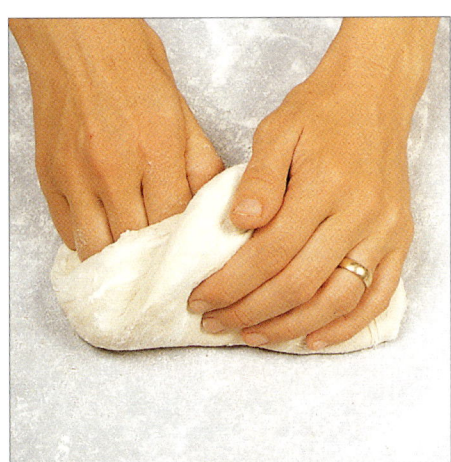

4 Vir die bolaag, sny die tamaties en plaas dit saam met die sap en tamatiepasta in 'n kastrol. Voeg die knoffel, kruie, suiker en geurmiddels by. Prut 5–10 minute sonder 'n deksel sodat die mengsel kan afkook. Laat afkoel.

5 Plaas uitgeryste deeg op 'n oppervlak wat lig met meel bestrooi is en knie 1 minuut af. Rol die deeg uit tot 'n groot sirkel ongeveer 35 cm in deursnee, of tot twee kleiner sirkels.

6 Smeer koue tamatiemengsel oor pizza-basis. Strooi die mozzarella-kaas oor, gevolg deur die bolaag van jou keuse.

7 Strooi die Parmesaan-kaas heel laaste oor. Bak sowat 15 minute teen 220 °C (425 °F) en sit dadelik voor.
LEWER 4 PORSIES.

STAP VIR STAP KOOKBOEK

OLYFBROOD

'n Heerlike, korserige brood met die geur van olywe.

750 g witbroodmeel
1 e kitsgis
200 ml olyfolie
4 e olie gedreineer van songedroogde tamaties (indien jy nie songedroogde tamaties gebruik nie, vervang met olyfolie)
2–3 t sout
1 t varsgemaalde swartpeper
500 ml warm water
20 Calamata-olywe, ontpit en in dun skyfies gesny
50 g songedroogde tamaties in dun skyfies gesny (opsioneel)
2 e olyfolie
growwe sout om oor die brood te strooi

1 Sif die meel in 'n groot bak. Maak 'n holte in die middel, voeg die gis by en meng.

2 Voeg die olies, sout, peper en water by. Meng tot 'n deeg.

3 Plaas die deeg op 'n oppervlak wat lig met meel bestrooi is en knie ongeveer 10 minute.

4 Plaas die deeg in 'n geoliede bak, bedek lossies met 'n skoon doek en laat rys op 'n warm plek tot dit in volume verdubbel het. Dit sal ongeveer 1 uur duur.

5 Knie af op 'n oppervlak wat lig met meel bestrooi is. Rol uit tot 'n groot reghoek. Strooi olywe en songedroogde tamaties, indien gebruik, oor. Rol op soos 'n rolkoek en knie tot 'n ronde vorm.

6 Plaas die deeg in 'n ysterpot, ongeveer 20 cm diep en 22 cm in deursnee, en skep die ekstra 2 eetlepels olyfolie bo-oor.

7 Druk die deeg in die pot en draai dit 'n paar keer om sodat dit met olie bedek word. Strooi growwe sout daaroor en laat staan 20–30 minute op 'n warm plek.

8 Bak 30–40 minute teen 220 °C (425 °F). Haal die brood uit oond, laat dit 10 minute in die pan afkoel en sit dit warm voor. LEWER 1 GROOT BROOD, GENOEG VIR 10–12 MENSE.

WENKE

◆ Die olywe kan vervang word met nog songedroogde tamaties, of omgekeerd, na smaak.

◆ Om 'n baguette te maak, volg die aanwysings tot by stap 5 waar die deeg soos 'n rolkoek opgerol word. Bestryk bo-op met olyfolie en strooi growwe sout oor. Plaas die deeg op 'n gesmeerde bakplaat, bedek met 'n doek en laat 20 minute op 'n warm plek rys. Bak 30 minute teen 200 °C (400 °F). Die baguette is gaar wanneer dit hol klink wanneer dit geklop word. Laat 5 minute op bakplaat afkoel en plaas dan op 'n draadrak om heeltemal af te koel.

BROOD

207

BROOD

KNOFFELRING MET BRANDRISSIES

Vir hierdie interessante broodjie word twee gunstelinggeure gekombineer.

1 e kitsgis
575 g witbroodmeel
2 t suiker
1–2 brandrissies, fyngekerf, of
   1 t brandrissiepoeier
2 t knoffelsout
2 groot eiers, geklits
3 e kookolie
ongeveer 500 ml lou water

DOOPSOUS MET KNOFFEL
EN BRANDRISSIE
200 g botter
2–3 t brandrissiepoeier
2 knoffelhuisies, fyngedruk
1 t knoffelsout
5 t gekapte vars pietersielie

1 Plaas die gis, meel, suiker, brandrissies en knoffelsout in 'n groot mengbak en meng dit met 'n houtlepel.

2 Meng die eiers en olie met 250 ml van die lou water. Voeg dit by die meel en meng. Voeg nog van die lou water bietjie vir bietjie by tot die mengsel 'n sagte deeg vorm – meer of minder water kan nodig wees.

3 Plaas die deeg op 'n oppervlak wat met meel bestrooi is en knie 5–10 minute. Plaas die deeg in 'n bak wat met meel bestrooi is en laat rys tot dit in volume verdubbel het. Dit sal ongeveer 1 uur duur.

4 Verdeel die deeg in die helfte, en elke helfte in 12 balletjies.

5 Vir die doopsous, meng botter, brandrissiepoeier, knoffelsout en vars pietersielie. Doop elke deegballetjie in die sous sodat dit goed bedek is.

6 Rangskik die deegballetjies effens uit mekaar in twee 23 cm-losboompanne – daar behoort 12 balletjies in elke pan te wees. Bedek en laat rys 20 minute.

7 Plaas die pan op 'n bakplaat en bak 30–35 minute teen 190 °C (375 °F) as net een pan gebak word. As albei panne saam gebak word, verleng die baktyd met 5–10 minute. Haal uit oond, laat 5 minute in die pan afkoel en keer op 'n draadrak uit om af te koel.
LEWER 2 RINGE OF 24 ROLLETJIES.

WENK
◆ Die knoffel- of brandrissiegeur kan weggelaat word, as jy wil.

WIT- EN BRUINBROOD

Wat is lekkerder as tuisgebakte brood!

WITBROOD
500 g witbroodmeel
2 t sout
1 e kitsgis
1 t suiker
250 ml melk
3 e botter
1 groot eier, geklits
gesmelte botter of margarien
 om die kors te bestryk

BRUINBROOD
250 g witbroodmeel
2 t sout
250 g volgraanmeel
1 e kitsgis
1 t suiker
250 ml melk
3 e botter
1 groot eier, geklits
gebreekte koring om oor
 die brood te strooi

1 Om 'n witbrood te maak, sif die meel en sout saam in 'n groot mengbak. Vir bruinbrood, sif die witbroodmeel en sout saam en roer die volgraanmeel by. Gaan verder dieselfde te werk vir albei brode: roer die kitsgis en suiker by.

2 Verhit die melk effens, laat smelt die botter daarin en laat koel af tot bloedhitte. Voeg die geklitste eier by die melkmengsel.

3 Giet by meelmengsel en meng tot 'n sagte deeg. Voeg nog louwarm melk by indien nodig. Knie 5 minute op 'n oppervlak wat lig met meel bestrooi is.

4 Plaas die deeg in 'n bak wat lig geolie of met meel bestrooi is en laat rys ongeveer 1 uur, tot die deeg in volume verdubbel het.

5 Knie die deeg liggies af en rol dit uit tot 'n groot reghoek. Rol dit op soos 'n Switserse rolkoek vir 'n brood met 'n goeie vorm.

6 Plaas die deeg in 'n 8 × 23 cm-broodpan. Bedek en laat rys op 'n warm plek tot die deeg tot by die rand van die pan gerys het.

7 Om 'n aantreklike kors vir die bruinbrood te maak, bestryk die deeg bo-op met water en strooi gebreekte koring oor net voor dit gebak word. Bak sowat 30 minute teen 220 °C (425 °F). Haal die brood uit die oond en laat dit 5 minute in die pan afkoel. Keer die brood uit op 'n draadrak. Om 'n glanskors vir die witbrood te maak, bestryk die gebakte brood bo-op met gesmelte botter of margarien terwyl dit nog warm is.
LEWER 1 WIT- EN 1 BRUINBROOD.

WENK

◆ Die basiese witbrooddeeg kan vir brood in 'n verskeidenheid vorms gebruik word, bv. ronde of gevlegte brode, of broodrolle.

BROOD

STAP VIR STAP KOOKBOEK

LEKKERS

VERSUIKERDE SPRINGMIELIEBALLETJIES

Springmielies is baie gewild. Hierdie balletjies is ongewoon, maklik om te maak en net reg vir 'n kinderpartytjie.

6 × 250 ml gaar springmielies
75 g pitlose rosyntjies
75 g sultanas
500 ml water
200 g witsuiker
2 e botter
knippie sout
2 t voedselkleursel van jou keuse

1 Bespuit 'n groot mengbak met 'n kleefwerende sproei. Plaas die springmielies, rosyntjies en sultanas in die bak en meng.

2 Meng die water, suiker, botter, sout en voedselkleursel in 'n swaarboomkastrol. Roer oor lae hitte tot die suiker opgelos is en verhit dan tot kookpunt.

3 Sit 'n deksel op die kastrol en laat kook 2 minute. Haal die deksel af en kook nog 30 minute. Moenie roer nie, want dit kan die mengsel laat kristalliseer.

4 As die mengsel die hardebal-stadium bereik (as 'n teelepel stroop in koue water val, vorm dit 'n harde bal), is dit gereed om oor die springmieliemengsel te giet.

5 Giet die stroop oor die springmieliemengsel en roer deeglik. Werk baie vinnig, smeer jou hande met botter en rol die mengsel in klein balletjies. Sit die balletjies op 'n gesmeerde bakplaat en laat afkoel en hard word.
LEWER 12–18 BALLETJIES.

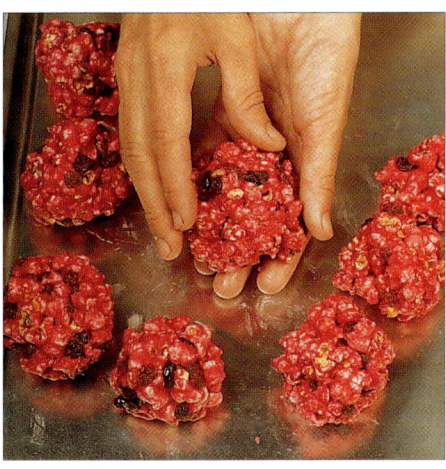

WENKE

◆ Vir versuikerde springmielies, roer net stroop by soos in stap 5 – moenie balletjies vorm nie.

◆ Druk sosatiestokkies in die springmielieballe terwyl hulle nog warm is om springmielie-'stokkielekkers' te maak.

◆ Vir ekstra knars, vervang die sultanas met sonneblomsaad.

◆ Springmielies is 'n gesonde versnapering want dit bevat baie vesel en taamlik min vet en sout.

◆ Om springmielies te maak, verhit 1 eetlepel kookolie in 'n swaarboomkastrol. Bedek die boom met 'n enkellaag pitte. Sit die deksel op, plaas op hoë hitte, skud om die pitte te versprei en laat almal spring. Pasop dat dit nie brand nie. Haal die kastrol van die stoof af sodra die mielies nie meer skiet nie. Strooi 'n bietjie sout oor en giet, indien verkies, gesmelte botter oor.

◆ Om te keer dat die springmielies in stap 5 aan jou hande vaskleef, doop jou hande af en toe in koue water voor jy die balletjies vorm.

TURKSE LEKKERS

3 e gelatien
85 ml water
200 ml water
500 g strooisuiker
½ t wynsteensuur
2 t rooswater
paar druppels pienk voedselkleursel
gesifte versiersuiker

1 Giet die 85 ml koue water in 'n bak. Strooi die gelatien oor en laat week tot dit spons.

2 Giet 200 ml water in 'n swaarboomkastrol. Voeg die suiker by en roer oor lae hitte tot dit opgelos het.

3 Mikrogolf die gelatienspons 2 minute op medium om dit te versag, of plaas dit oor 'n kastrol warm water, weg van die stoof, tot dit sag is. Voeg die gelatien en wynsteensuur by die suikerstroop en laat prut 5 minute.

4 Verwyder die kastrol van die stoof en voeg die rooswater en pienk voedselkleursel by die mengsel. Smeer 'n vierkantige 18 cm-pan baie liggies met olie, of spuit dit met 'n kleefwerende sproei. Giet die mengsel in die pan en laat dit stol.

5 Wanneer mengsel gestol is, sny dit in blokkkies en rol dit in versiersuiker. Pak in 'n lugdigte houer en strooi versuiker bo-oor.
LEWER ONGEVEER 18 BLOKKIES.

WENKE

◆ Rooswater is te kry by apteke.

◆ Om groen Turkse lekkers te maak, word die pienk voedselkleursel eenvoudig met groen kleursel vervang.

◆ Vir 'n mentgeur, voeg 'n paar druppels pepermentolie by.

◆ Om Turkse lekkers met neute te maak, voeg 100 g geroosterde en gekapte amandels, dennepitte of pistasieneute saam met die rooswater en voedselkleursel by in stap 4.

◆ Turkse lekkers is 'n heerlike geskenk. Om dit aantreklik te verpak, plaas 'n vel gekleurde sellofaanpapier in 'n mooi dosie of houer en pak die Turkse lekkers netjies daarin. Bind dit met 'n mooi lint vas.

LEKKERS

LEKKERS

FUDGE

Fudge is altyd gewild. Hierdie eenvoudige resep werk besonder goed. As jy meer op 'n slag wil maak, kan die bestanddele verdubbel word.

500 g witsuiker
1 blik (397 g) volroomkondensmelk
4 e botter
150 ml water
2 t vanieljegeursel

1 Sit die suiker, kondensmelk, botter en water in 'n diep swaarboomkastrol.

2 Roer aanhoudend tot al die suiker opgelos het. Vee die kante van die kastrol af met 'n deegkwassie wat in water gedoop is om suikerkristalle te verwyder. Verhit die mengsel tot kookpunt. Kook 30–40 minute en roer af en toe sodat die mengsel nie aan die boom vaskleef nie.

3 Die fudge sal gereed wees wanneer die mengsel die kenmerkende karamelkleur van fudge het en dit die sagtebalstadium bereik het (as 'n teelepel van die mengsel in koue water val, vorm dit 'n sagte bal).

4 Voeg vanieljegeursel by, haal van stoof af en klop vinnig met 'n houtlepel. Die mengsel sal verdik en korrelrig word.

5 Giet die fudgemengsel in 'n 18 × 28 cm-pan. Sny dit in blokkies voor dit heeltemal koud is en laat in die pan hard word.
LEWER ONGEVEER 24–36 STUKKE.

WENKE

◆ Vir fudge met neute, voeg 100 g geroosterde en gekapte neute van jou keuse by die mengsel net voor dit in stap 4 met 'n houtlepel geklop word.

◆ Om met sukses lekkers te maak, volg dié algemene reëls:
– Gebruik 'n swaarboomkastrol.
– Gebruik goeie witsuiker.
– Meng alle bestanddele baie goed voor dit gekook word.
– Roer die mengsel oor lae hitte tot al die suiker opgelos het en verwyder enige suikerkristalle wat vorm met 'n deegkwassie wat in water gedoop is.
– Moenie die mengsel roer nadat dit kookpunt bereik het nie, want dit kan veroorsaak dat die suiker kristalliseer.

◆ 'n Suikertermometer is baie handig. Koop dit by 'n winkel wat in kombuisware spesialiseer.

◆ Kondensmelk is volroommelk wat verhit is tot die helfte van die water verdamp het; suiker word as preserveermiddel bygevoeg. Om kondensmelk te omvorm, voeg 'n gelyke hoeveelheid water by, maar gebruik dit slegs in soet geregte, want dit sal steeds baie soet wees.

TOFFIE-APPELS

6 groot rooi appels
6 sosatiestokkies

TOFFIE
600 g suiker
375 ml water
½ t kremetart
1 t rooi of groen voedselkleursel

1 Verwyder appels se stingels, was hulle in 'n effens seperige oplossing – dit help die stroop om vas te kleef – en maak hulle goed droog. Steek 'n stokkie in elkeen.

2 Vir die toffie, smeer botter tot op 5 cm om die rand van 'n 3 liter-swaarboomkastrol. Plaas die suiker en water in die kastrol, verhit oor lae hitte en hou aan roer tot al die suiker opgelos het. Verwyder suikerkristalle om die rand met 'n deegkwassie wat in water gedoop is. Voeg kremetart by.

3 Verhit die toffiemengsel tot kookpunt en laat kook dan 3 minute. Haal die deksel af en laat die mengsel verder kook tot die stroop karamelkleurig is. Dit kan 20–30 minute duur. Haal die kastrol van die stoof af.

4 Voeg die groen of rooi voedselkleursel by en meng dit met die stroop deur die kastrol aan die handvatsels vas te hou en te skud – moenie die toffie roer nie. Laat toffie 'n minuut staan voor jy die appels daarin doop.

5 Werk versigtig, want die toffie is baie warm. Doop die appels in die stroop, draai hulle om hulle heeltemal te bedek en doop hulle vinnig in koue water. Draai hulle vinnig om hulle droog te maak en plaas op 'n gesmeerde bakplaat.
LEWER 6 TOFFIE-APPELS.

WENKE

◆ Om individuele toffies te maak, giet enige oorblywende toffie in 'n gesmeerde pan en sny dit in blokkies terwyl dit nog warm is.

◆ Toffie-appels is baie gewild by die koek- en lekkergoedtafels by kermisse. Hoe mooier iets lyk, hoe beter sal dit verkoop – draai die toffie-appels dus in 'n stukkie helderkleurige sellofaan toe en versier hulle met mooi linte en kyk hoe vinnig hulle verkoop.

◆ Hierdie toffieresep kan maklik verdubbel word.

◆ Moenie op nat, reënerige dae toffie-appels maak nie: die suiker trek water en die toffie word selfs taaier as gewoonlik.

LEKKERS

STAP VIR STAP KOOKBOEK

MALVALEKKERS

300 g suiker
knippie sout
1 e gouestroop
250 ml water
2 e gelatien
100 ml water
2 ekstra-groot eierwitte
1 t vanieljegeursel
125 g droë klapper

1 Smeer botter tot op 5 cm om die rand van 'n swaarboomkastrol. Verhit suiker, sout, stroop en 250 ml water en roer tot alles opgelos het. Dit moenie kook voor die suiker opgelos is nie. Verwyder die suikerkristalle van die kante van die kastrol met 'n deegkwassie wat in water gedoop is. Bedek en laat kook 3 minute. Haal deksel af.

2 Kook tot die mengsel die sagtebalstadium bereik (as 'n teelepel van die mengsel in koue water val, vorm dit 'n sagte bal). Verwyder van hitte.

3 Strooi intussen die gelatien oor 100 ml water, roer om dit te laat oplos en hou dit eenkant om te spons. Los die gelatienspons in die suikerstroop op.

4 Klop die eierwitte styf met 'n elektriese klitser. Giet die warm stroop geleidelik op die styfgeklopte eierwitte en hou aan met klop tot die mengsel sy vorm behou. Dit sal sowat 5 minute duur. Klop die vanieljegeursel in.

5 Giet mengsel in 'n gesmeerde, vierkantige 20 cm-bakplaat. Bedek en laat stol in die yskas.

6 Indien verkies, rooster die klapper in 'n swaar braaipan oor medium hitte. Roer die klapper aanhoudend met 'n houtlepel tot dit mooi goudbruin is.

7 Doop 'n skerp mes in kookwater, sny die malvalekkers in vierkante en rol dit in gewone droë of afgekoelde geroosterde klapper. As jy gewone malvalekkers verkies, rol hulle in gesifte versiersuiker.
LEWER ONGEVEER 24 MALVALEKKERS.

WENK

◆ Vir pienk malvalekkers, voeg 1 teelepel pienk voedselkleursel in stap 4 by die geklopte eierwitte.

INDEKS

A
aartappel
  braai- 125
  geurige aartappels 126
  jong aartappeltjies, slaai 150
  kapok- 125
  oorskiet- 126
  -skyfies 45
  -slaai, lekker 150
aftreksel, gekruide 53
Amerikaanse gebraaide hoender 74
appelsous 105
armmanskaviaar 130
aspersies met suurlemoenbotter 129
avokado
  -en-bloukaasmousse 37
  gebakte 21
  Mexikaanse avokado-laag 146
  Avokado Ritz 21

B
baguette 206
Béchamel-sous 110
beesvleis
  beesbraad met Yorkshire-poeding 97
  beesstertbredie 101
  Bief Wellington 90
  biefstuk-en-niertjiepastei 94
  lasagne 117
  koue geperste tong 106
  op die Thai-manier 50
  roerbraai 78
  saté's 73
  smaaklike maalvleisrol 86
  spaghetti bolognaise 118
Benedict-eiers 29
bloukaas
  -mousse, avokado-en- 37
  -sous, slaai met 142
botterskorsie
  -gnocchi 134
  -sop, gebakte 13
botterversiersel 182
bruinbrood 210
broodrolletjies 202, 210
bulgur-slaai 149

C
calamari, diepgebraaide 58
chasseursous 93
choux-deeg 161
coq au vin 82
coulis, vars tamatie- 34
Crêpes Suzette 162
crème brûlée 169
croûtons 141

D
30 minute-hoenderkerrie 65
Devonshire-roomkoek 194
doopsous, knoffel en brandrissie 209
driekleurmousse 17

E
eend met lemoensous 69
eiers
  Benedict- 29
  Crêpes Suzette 162
  eiermousse met kaviaar 30
  meringue 170
  omelette 26
  pannekoekbeslag 162
eiervrug
  armmanskaviaar 130
  -en-tamatiegebak 133
  ratatouille 130

F
Florentynse hoender 66
Franse braaihoender 77
fudge 217

G
garnale
  geroosterde 57
  op die Thai-manier 50
gebakte botterskorsiesop 13
gebakte mozzarella-kaas 33
geroosterde soetrissieslaai 145
gesmoorde lamskenkels 98
gesonde lensiesop 14
geurige aartappels 126
geurige filopakkies 34
geurige rys 57
gevulde mossels 62
gnocchi
  botterskorsie- 134
  spinasie- 134
groente
  ingelegde 46
  -lasagne 117
  -strudel 136
  -tert 41
grondboontjiesous 73

H
harde versiersel 193
hoender
  -aftreksel 10
  Amerikaanse gebraaide 74
  braaihoender
    sonder vulsel 77
    Franse 77
  coq au vin 82
  30 minute-hoenderkerrie 65
  Florentynse 66
  -jambalaya 81
  oorskiet- 66
  -pastei met 'n hoëveselkors 85
  peri-peri hoenderlewers 18
  roerbraai-78
  -saté's 73
hoëveselkors, hoenderpastei met 85
Hollandaise-sous 29

I
ingelegde
  groente 46
  harings 49
  vis, my ouma se 46
Italiaanse slaaibord 153

J
jambalaya, hoender- 81
jong aartappeltjies in skil, slaai 150
jogurtsous 130

INDEKS

K
kaas
- avokado-en-bloukaasmousse 37
- gebakte mozzarella-kaas 33
- geurige filopakkies 34
- kaassous 117
- korslose souttert 38
- luukse macaroni-kaas 113
- omelette 26
- slaai met bloukaassous 142
- -sous 117

kalkoen
- met macadamia-botter 70
- oorskiet- 66
- op die Thai-manier 50

kapokaartappels 125
karringmelkbroodrolletjies 202
kaviaar 30
kerrie, 30 minute-hoender- 65
kersiesous 105
kerskoek 193
kitsery 54
klappertert 174
kluitjies met karweisaad 109
knoffel
- -botter 57
- -ring met brandrissies 209

korslose souttert 38
koue geperste tong met olywe 106
kreefmayonnaise 61

L
lamsvleis
- ribbetjie met 'n taai sous 102
- -skenkels, gesmoorde 98

lensiesop, gesonde 14
luukse macaroni-kaas 113

M
macadamia-botter 70
maklike gesondheidsbrood 201
malvalekkers 221
mayonnaise
- by kreef 61
- tuisgemaakte 21

Melba-roosterbrood 9
meringue 170
mossels
- -fettucine 121
- gevulde 62

mousse
- avokado-en-bloukaas- 37
- driekleur- 17
- sjokolade- 173

murgpampoentjietert 138
my ouma se ingelegde vis 46

O
olyfbrood 206
omelette 26
oorskiet
- -aartappels 126
- -groente 78
- -hoender 66
- -kalkoen 66
- -ratatouille 130

P
paasbolletjies 198
pannekoekbeslag 162
pasta
- groente-lasagne 117
- luukse macaroni-kaas 113
- mossel-fettucine 121
- met sampioene, ertjies en ham 114
- seekos- 122
- spaghetti bolognaise 118
- tuisgemaakte 118
- tuna-lasagne 110

pavlova, vrugte- 170
pere in rooiwyn 165
peri-peri hoenderlewers 18
piesanggemmerbrood 189
pizza 205
plaatkoekies 190
poeding met sjokoladesous 158
polenta met tamatiesous 25
profiteroles, sjokolade- 161

R
ratatouille 130
ribbetjie met 'n taai sous 102
roerbraai 78
rooisoetrissiesous 86
roomkaasversiersel 186
roomys met sjokoladesous 154
roulade 22
rys 57, 78

S
sambals 65
saté's 73
seekospasta 122
sjokolade
- -blare vir versiering 173
- -koek 182
- -mousse 173
- -profiteroles 161
- skurwejantjies 178
- -sous 154, 158
- -splintermuffins 181

skaapvleis: *kyk* lamsvleis
skons 185
skurwejantjies 178
smaaklike maalvleisrol 86
soet harings 49
soetrissies 86, 145
sous
- appel- 105
- Béchamel- 110
- bessie- 174
- bloukaas- 142
- chasseur- 93
- doop-, knoffel en rissie 209
- grondboontjie- 73
- jogurt-, by ratatouille 130
- kaas- 117
- kersie- 105
- rooisoetrissie- 86
- sjerrie-, by Bief Wellington 90
- sjokolade- 154, 158
- slaai- 141, 142, 149, 150, 153
- suurlemoenbotter- 129
- taai 102
- tartare- 42
- vla- 158

souttert
- groentetert 41
- korslose 38

spaghetti bolognaise 118
spinasie
- -gnocchi 134
- -roulade 22
- -slaai met croûtons 141

springmielies 213
- -balletjies, versuikerde 213

suikermieliesop, tamatie-en- 9
suurlemoen
- -botter 57
- -bottersous 129
- -skuimtert 166

INDEKS

T

tabbouleh-slaai 149
tamale-pastei 89
tamatie
   -coulis 34
   -en-suikermieliesop 9
   -gebak, eiervrug-en- 133
tert, klapper-, met bessies 174
toffie-appels 218
tournedos chasseur 93
tuna-lasagne 110
Turkse lekkers 214

V

varkvleis
   gebraaide, met kersiesous 105
   op die Thai-manier 50
   ribbetjie met 'n taai sous 102
   -roerbraai 78
   -saté's 73

vichyssoise 10
vis en seekos
   Benedict-eiers, met skelvis 29
   diepgebraaide calamari 58
   eiermousse
     met kaviaarbolaag 30
     met garnale 30
   garnale
     geroosterde 57
     op die Thai-manier 50
   gevulde mossels 62
   kitsery 54
   kreefmayonnaise 61
   mossels
     -fettucine 121
     vars, gaarmaak van 121
   my ouma se ingelegde vis 46
   roulade 22
   seekospasta 122
   soet harings 49
   tuna-lasagne 110

vis
   en skyfies 45
   geposjeerde heel 53
   gebakte 45
   op die Thai-manier 50
   -koekies met tartaresous 42
vrugte
   -brood, lekker 177
   -clafoutis 157
   -pavlova 170

W

wildbredie 109
witbrood 210
wortelkoek 186

Y

Yorkshire-poeding 97
yskas-kaaskoek 197